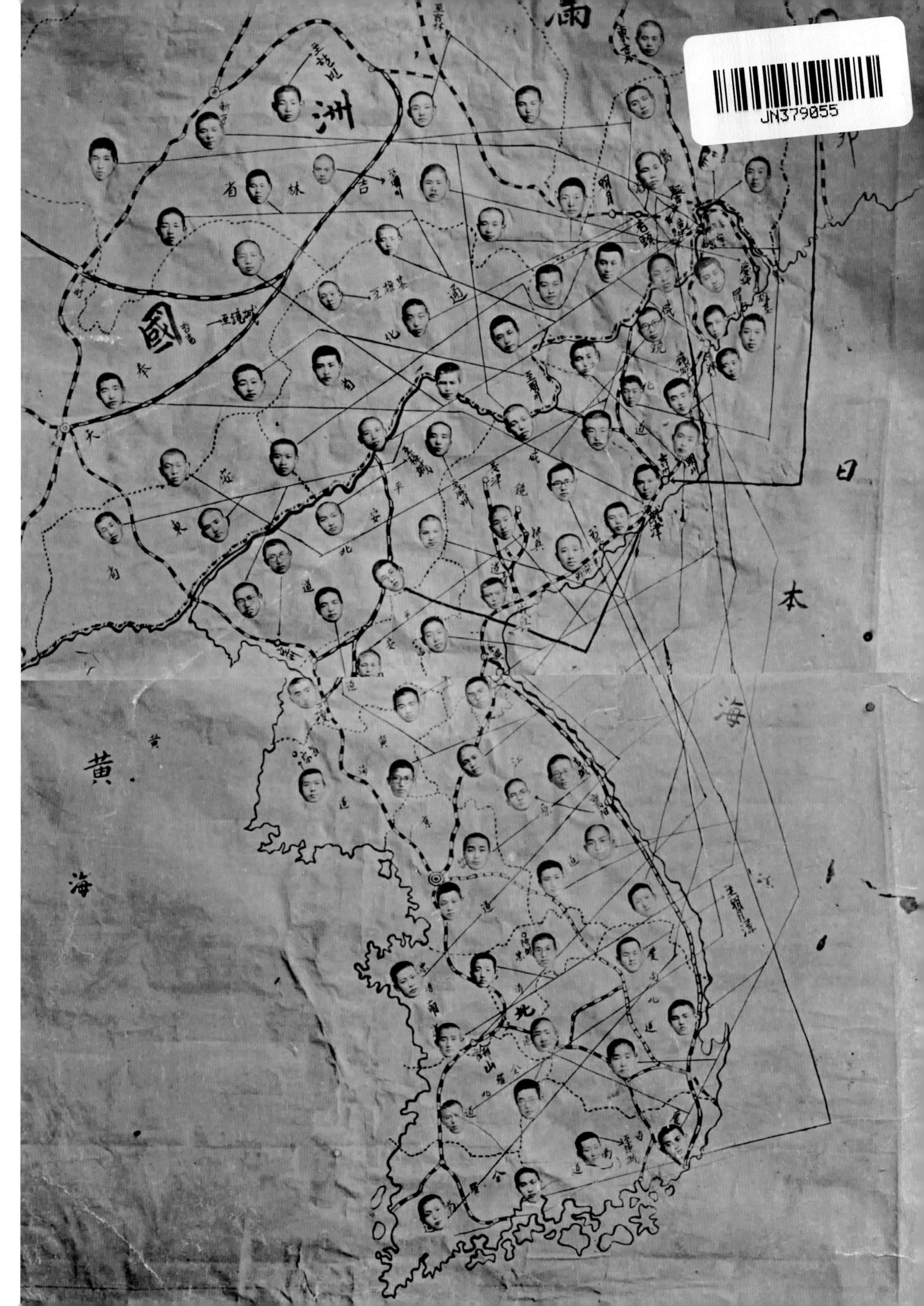

# 민족교육의 요람 간도

1905년 을사조약이 체결되자 애국지사들은 두만강 건너 조선인이 많이 살고 있던 간도로 이주하여 민족교육을 시작했다.

그 효시는 1906년 이상설 선생이 북간도 용정촌에 세운 '서전서숙'이다. 시인 윤동주의 외숙부 김약연 선생은 명동촌에 명동서숙을, 이동휘 선생은 연길현 소영자에 광성학교를 설립했고, 와룡동의 창동학교, 화룡현의 정동서숙, 용정 신촌의 영신학교, 소영자의 길동서숙 등 근대식 민족교육기관이 잇따라 건립되었다. 1916년 말에 작성된 통계에 따르면 북간도 일대에는 156개의 사립학교와 서당이 있었다. 그 중에는 천도교, 대종교, 천주교, 기독교 등 종교단체가 세운 학교도 다수 있었다.

1910년대 간도의 중심지 용정은 이 지역뿐만 아니라 한반도와 만주, 연해주 등지의 학생들이 모이는 민족교육의 요람이었다. 이 시기 민족교육은 1919년 '3.1운동'에 부응하여 용정에서 일어난 '3.13 만세 운동'의 기반을 닦았으며, 이는 이후 만주 각지의 항일 무장투쟁에 큰 영향을 미쳤다.

1

## 民族教育の根拠地、間島

1905年に乙巳条約が締結されると、朝鮮が日本に併呑されることを憂えた愛国志士らが豆満江を渡り、朝鮮人の集居する間島で民族教育を始めた。その嚆矢となったのが、後にハーグ万国平和会議への密使となった李相卨ｲｻﾝｿﾙが1906年に龍井村に立てた瑞甸書塾だ。尹東柱詩人の外叔父にあたる金躍淵ｷﾑﾔｷﾞｮﾝは明東村に明東書塾を、独立運動家の李東輝ｲﾄﾞﾝﾋは延吉県小営子に光成学校を設立し、ほかにも近代式の民族教育機関が次々と開校した。

1916年末の統計によると、北間島一帯には156の私立学校があったという。その中には天道教、大宗教、天主教、基督教などの宗教団体が建てた学校がいくつもあった。

間島の中心地である龍井には、この地域の学生だけでなく朝鮮半島全土、満洲、ロシア沿海州などから学生たちが集まってきた。

民族教育は1910年代に高揚し、1919年の3.1運動に応えて起こった龍井の3.13独立万歳運動への基盤を作り、その後の満洲地域における朝鮮人抗日武装闘争に影響を与えた。

1.
1924년 간도의 명문학교인
동흥중학교 학생들
1924年、東興中学の学生たち

2.
1909년 간도협약에 의해 용정에
간도일본총영사관이 설치되었다.
1909年に間島協約が結ばれ、龍井に
間島日本総領事館が設置された。

3.
만주국 간도성 용정 시장의 성황

## 间岛——
## 民族教育的地盘

1905年韩日《乙巳条约》缔结之后，爱国人士对朝鲜被日本侵吞的事实感到愤慨，他们越过了图门江，在间岛开始了民族教育。作为标志的是，后来成为海牙万国和平会议密使的李相卨建立的"瑞甸书塾"。接着诗人尹东柱的外叔父金跃渊在明东村建立了明东书塾，独立运动家的李东辉在延吉县小营子建立了光成学校，其他很多著名人士在各地建立了近代式的民族教育机构。

根据1916年的统计数据，北间岛一带有156所私立学校。那里有天道教、大宗教、天主教、基督教等宗教团体建立的学校。在间岛的中心地区——龙井，学生们并不限于龙井地区，还有很多是从朝鲜半岛、满洲、俄罗斯沿海州等地区招收的。

民族教育在1910年代迎接了高潮，并为1919年"三一运动"影响下在龙井发生的"间岛3.13独立万岁运动"打下了坚实的基础，之后也对满洲地区的朝鲜族抗日武装斗争也带来了影响。

# 간도풍경

# 間島の風景

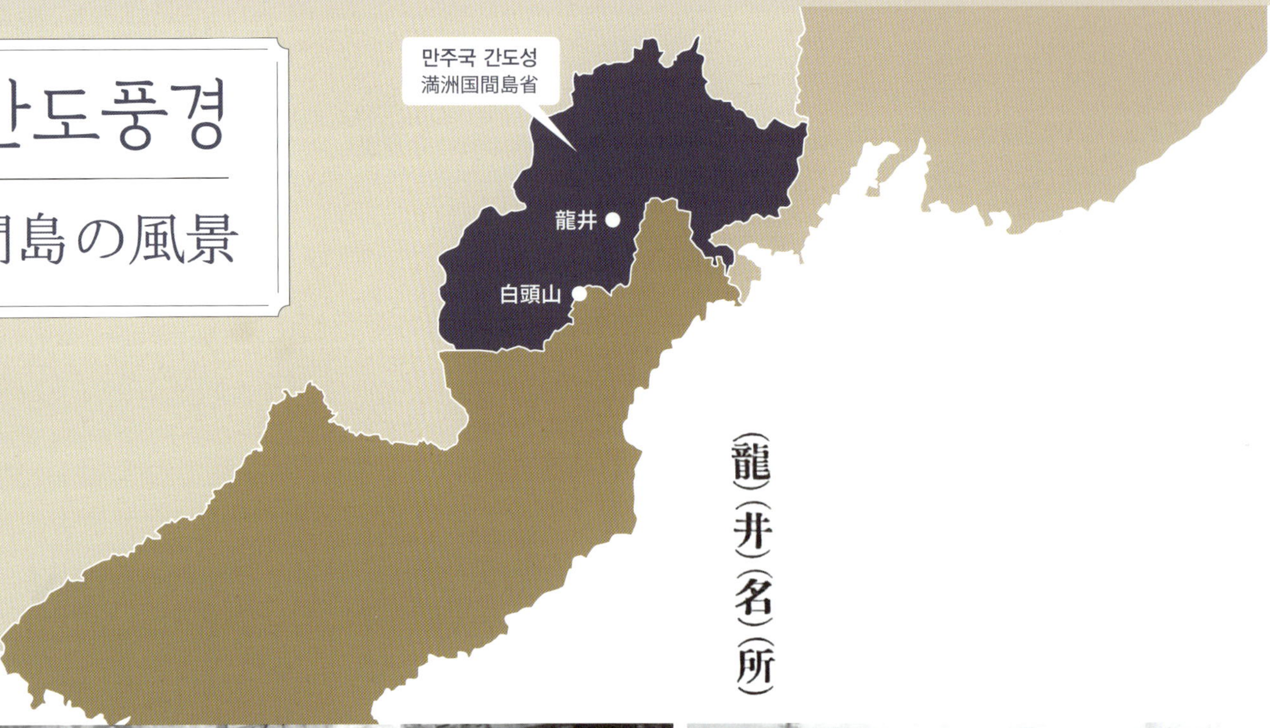
만주국 간도성
満洲国間島省
龍井
白頭山

龍井名所

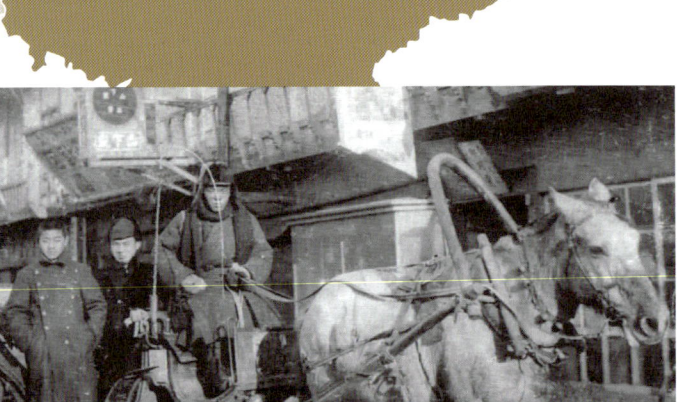

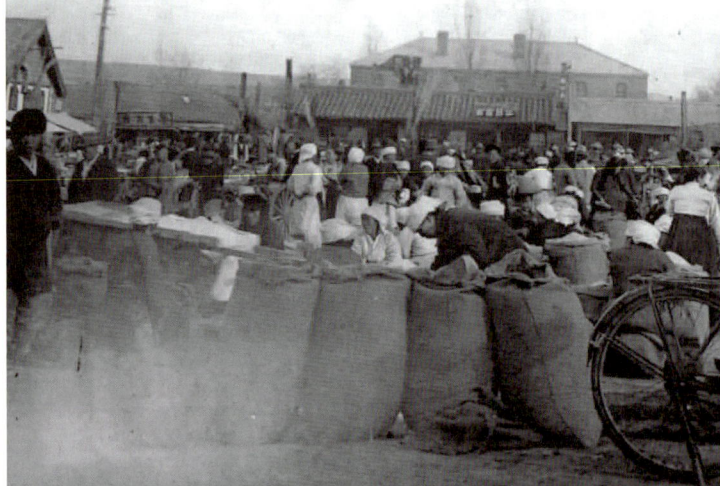

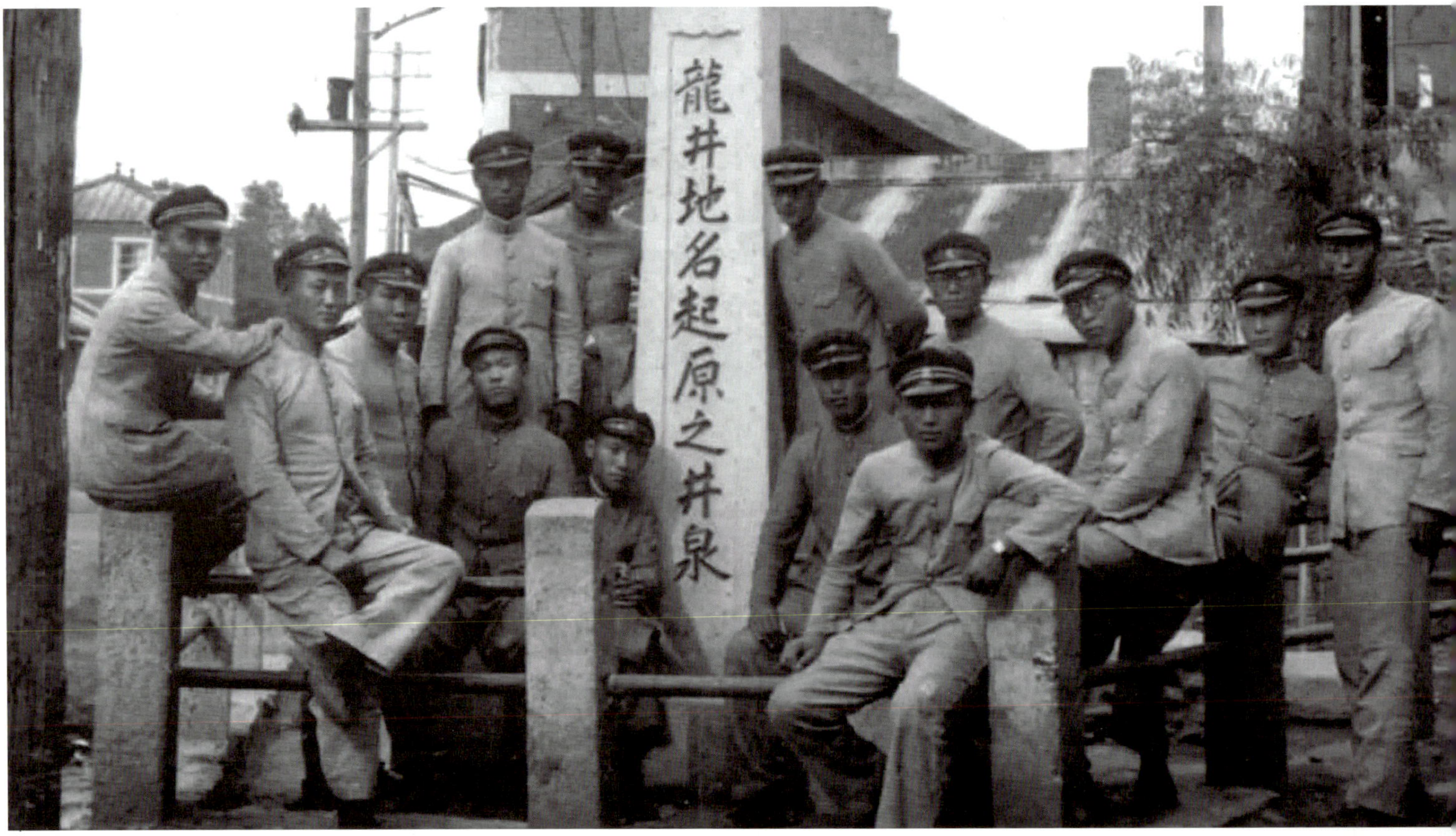
龍井地名起原之井泉

해란강

一松亭 일송정

海蘭江鐵橋 해란강 철교

대포산

  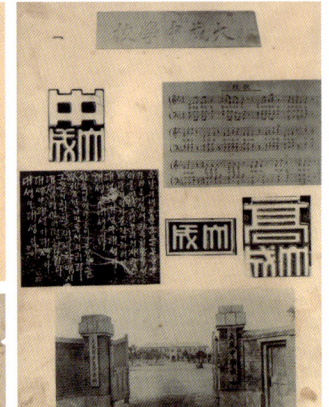

1. 사립 동흥중학교 1938
2. 사립 동흥중학교
3. 사립 대성중학교
4. 용정국민고등학교 1940

## 동흥중학교 연혁

| | | |
|---|---|---|
| 1921년 | 4월 15일 | 천도교 용정종리원이 동흥소학교, 중학강습소를 창립 |
| | 10월 1일 | 중학강습소를 동흥중학교로 승격하여 소학교를 중학교 부속교로 함 |
| 1922년 | 11월 15일 | 조선총독부에서 기부금 모집 허가를 받아 착수함 |
| 1923년 | 4월 | 학교건물을 건축 시작하여 9/29 완공함 |
| 1924년 | 7월 | 중학교를 천도교에서 분리하여 설립자조합을 조직 |
| | 8월 11일 | 설립자조합이 학교 경영의 주체가 됨 |
| 1926년 | 7월 | 설립자조합을 해산하여 교원들이 중심으로 경영자조합 조직. 조합원은 97명 |
| 1928년 | 4월 | 경영자조합을 해산하여 교원 등이 학교 경영에 관여함 |
| 1935년 | 9월 13일 | 이사회를 조직하여 학교경영의 주체로 함. 이사장 김경재, 이사 임계학, 정일광, 장하일 |
| 1937년 | 12월 1일 | 치외법권 철폐에 따라 교육행정권은 만주국으로 이양되며 본교 감독지도원은 만주국 정부로 이양됨 |
| 1938년 | 3월 30일 | 동흥중학교 부속소학교는 경영 곤란에 의해 폐교가 되어 학생들은 용정시내 해성, 동아 소학교에 편입함 |
| | 4월 4일 | 현존하는 동아중학교는 4/4부로 민생부 지령 제158호 (민교 고발高發 제168 호의 2)에 인해 현재 재학 학생 졸업 시기까지 존속은 인가받음. 동흥중학교 설치자 임계학 |
| | 4월 5일 | 4/5부로 민생부 지령 제53호 (민고 고발 제152호의 2)에 의해 사립 동흥국민고등학교 개편설치의 가인가를 받아 제1학년부터 본 지령에 의해 학생을 모집한다. 사립 동흥국민고등학교 설치자 임계학 |

※ 동흥중학교는 1939년에 대성중학교와 합병하면서 용정국민고등학교로 개칭되었다.

▼ 모아산

望遠山子帽

龍門橋通學之景
용문교 통학 풍경

# 1930년대 간도의 고등교육 현장

## 1930年代 間島の高等教育現場

1. 사립 은진중학교
   私立恩真中学校

2. 사립 영신중학교
   私立永新中学校

3. 조선총독부도립
   간도중앙학교
   朝鮮総督府道立
   間島中央学校

4. 사립 대성중학교
   私立大成中学校

5.
사립 동흥중학교
私立東興中学校

6.
간도성립 광명고등여학교
間島省立光明高等女学校

7.
간도성립 광명국민고등학교, 광명중학부
間島省立光明国民高等学校、光明中学部

8.
사립 명신고등여학교
私立明信高等女学校

# 80년 전 수학여행
## 80年前の修学旅行
## 80年前的毕业旅行

### 경성에서 하얼빈까지

1930년대 말 만주국 간도 용정에 있던 중학교(오늘날의 고등학교) 졸업 앨범에는 수학여행 코스가 나와 있다.

용정역에서 출발한 기차는 두만강을 건너 함경북도 회령을 지나 동해안을 달리다가 청진, 성진(현 김책), 함흥, 원산을 거쳐 금강산으로 향한다. 비운의 생을 마감했다는 신라의 마지막 왕 경순왕의 아들인 마의태자 능, 금강산 최고봉인 비로봉, 웅장한 해금강의 위용을 학생들은 가슴 깊이 새겼으리라.

기차는 강원도 철원을 거쳐 경성(현 서울)에 도착한다. 경성의 화려한 경관을 보며 학생들은 무슨 생각을 했을까?

개성과 평양을 지나 평안북도 신의주에서 압록강을 건너면 다시 만주 땅이다.

안동(현 단동), 대련, 신경(현 장춘), 봉천(현 심양)을 거쳐, 기차는 하얼빈을 향해 달린다. 지금 우리가 상상도 못 할 정도로 방대한 여정을 무려 한 달에 걸쳐 다니는 수학여행이었다.

거기에는 조선의 미래를 짊어질 우수한 학생들에게 '제국의 위용'을 보여주려고 했던 일본의 의도가 분명히 있었다. 일제 식민지배의 현실을 눈으로 확인한 조선 학생들은 과연 무엇을 느끼고 어떤 미래를 상상했을까?

게임기도 스마트폰도 없었던 시절. 학생들은 증기기관차를 타고 얼마나 많은 이야기를 나누었을까? 덜커덩덜커덩 기차 소리를 들으며 미래에 대한 희망과 두려움을 마음 한 켠에 둔 채 영원한 우정을 맹세했을 것이다.

80년 전 학생들이 보았던 도시 모습을 옛 사진엽서를 통해 살펴보자.

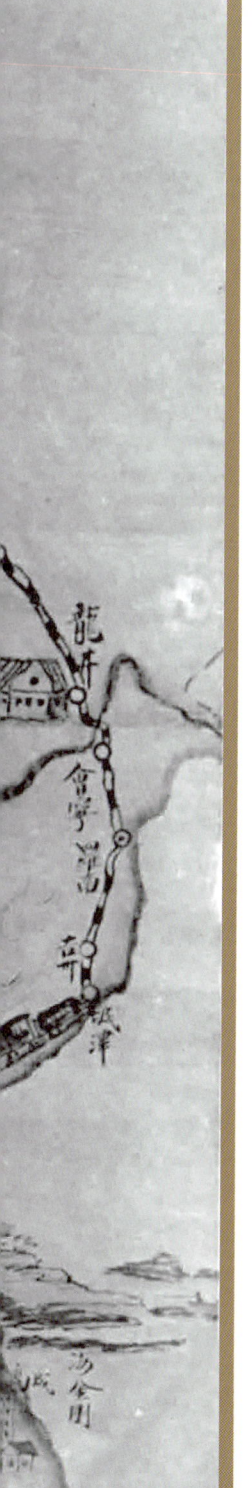

## 京城からハルビンまで

　満洲国間島省龍井(現・中国吉林省延辺朝鮮族自治州龍井市)にあった朝鮮人の学校の卒業アルバムに、修学旅行のコースを描いた地図と記念写真が載っている。

　龍井を出発して豆満江を渡って朝鮮の地へ。清津、城津(現・金策市)など海辺の町を過ぎて金剛山へ向かう。新羅最後の王の息子である麻衣太子の陵、金剛山最高峰の毘盧峰に登り、雄壮な海金剛を眺めながら、どれほど心躍る時間を過ごしただろう。

　汽車は江原道を通って京城(現・ソウル)へ。1930年代後半の京城は、モダンな近代都市だった。

　開城、平壌を過ぎて新義州から鴨緑江を渡ると、再び満洲の地だ。安東(現・丹東)、大連、奉天(現・瀋陽)、新京(現・長春)、そして「東方のパリ」と称されたハルビンへ。今の私たちが想像もつかないほどの広大な距離を汽車でめぐる、およそ1ヶ月にもおよぶ修学旅行だった。

　そこには、未来を担うエリートたちに「帝国の威容」を見せつけようという意図があったことは確かだ。しかし日本の支配する大都市を見た朝鮮の学生たちが何を思い、どんな未来を描いたかは計り知れない。

　高速列車もスマートフォンもなかった時代。学生たちはどれほど多くの時間を、蒸気機関車に揺られながら過ごしただろう。まだ見ぬ街との出会いに心弾ませながら、ガタンゴトンという汽車の音に乗せて、未来への夢や希望、あるいは変わらぬ友情を誓い合ったのではないだろうか。

　80年前に学生たちが見た風景を、古い絵葉書で構成してみた。

## 从京城到哈尔滨

　满洲国间岛省龙井(现：吉林省延边朝鲜族自治州龙井市)的一所朝鲜族私立学校的毕业相册中,发现了当年毕业旅行的行程与纪念照。

　从龙井出发,越过图们江到达朝鲜半岛。穿过清津、城津(现：金策市)等海滨城市后前往金刚山。观看新罗最后的王子"麻衣太子"陵,攀登金刚山的最高峰毘卢峰、俯瞰壮观的海金刚等经验对当时的学生们是多激动人心的呢？火车经过江原道到京城(现：首尔)。

　1930年代末的京城是带有时尚性的近代城市。经过开城、平壤,再从新义州穿过鸭绿江就到满州的地界了。经过安东(现：丹东)、大连、奉天(现：沈阳)、新京(现：长春)、前往称为"东方巴黎"的哈尔滨。

　当时的毕业旅行是在这一个月的时间内完成的,学生们坐着火车走遍了当时难以想象的距离。那样的旅行包含着对未来的精英展示"日本帝国的威力"的目的。但是,看到了被日本统治的大城市的样子时,当时的朝鲜学生会是以什么样的感受想象着他们的未来的呢？

　当时是既没有高速列车,又没有智能手机的时代。学生们在火车上的漫长的时间里,互相谈论了什么样的事情呢？与蒸汽机车的响声,可能是分享了对未来的希望与不安,对永恒的友谊互相发誓。

　让我们通过旧明信片探索一下80年前学生们所看到的风景吧。

# 두만강·종성

豆滿江·鐘城

豆滿江 / 鍾城
雄基

鏡北道 日支國境を連絡せる豆滿江鐵橋

豆滿江ニ於ケル工兵第九大隊ノ架橋演習　（羅南繪葉書組合發行）

鐘城全景（一）　（會寧小池博文館發行）

웅기(현 라선특별시)는 조선 최북단의 항구이자 나진항의 보조역할을 하는 항만도시로 목재, 석탄, 콩 등 만주의 풍부한 자원을 수탈하는 기지가 되었다. 육로로 간도로 가는 관문이기도 한다.

## 웅기 雄基

# 웅기
## 雄基

# 웅기

雄基

웅기역은 만주철도 웅라선 (라진부두로 연결)과 만철 북선선(남양, 상삼봉으로 연결)이 교차하는 교통의 요지다.

# 청진
## 清津

청진은 러일전쟁 때 일본군 병참기지가 되면서 근대도시가 형성된 북한 최대 항구로 무역이나 명태 어업으로 성황을 이루었다.

清津港は、港湾水面積十二萬坪を有する宏大な港で、埠頭は六千噸級三隻、三千噸級四隻の繋船能力をもち、その吞吐能力は百萬瓲と稱せられる。寫眞は同港に橫はつた月山丸。 ☆輝く清津☆

巨船浮びて

SEISIN IS THE ENTRANCE OF MANSYUKOKU AND THE CENTRE OF COMMERCE AND INDUSTRY.

# 청진 | 清津

SEISIN IS THE ENTRANCE OF MANSYUKOKU AND THE CENTRE OF COMMERCE AND INDUSTRY.

奇岩の並びて

清津の風景はまた北鮮に名あるところである。望むは明媚な風光を以て知られる夫婦岩で、大小二基の奇岩が相並んで海中に浮び、まことにこの上もない風景を描いてゐる。
──☆輝く清津☆──

SEISIN IS THE ENTRANCE OF MANSYUKOKU AND THE CENTRE OF COMMERCE AND INDUSTRY.

港は晴れて

清津港は北鮮主要の開港場で、明治四十一年萬國通商貿易港となり、爾來急速に發展したしところの港であつて、非常な活況を呈してゐる。繪の如く貨物は集積す。
──☆輝く清津☆──

そと港、はるびんまる。

# 청진

清津

SEISIN IS THE ENTRANCE OF MANSYUKOKU AND THE CENTRE OF COMMERCE AND INDUSTRY.

SEISIN IS THE ENTRANCE OF MANSYUKOKU AND THE CENTRE OF COMMERCE AND INDUSTRY.

청진역은 원산에서 상삼봉을 잇는 조선철도 함경선의 요점이다. 회령을 거쳐 상삼봉에서 두만강을 건너면 만주국 국유철도 개산툰역이며 조개선으로 용정으로 이어진다.

SEISIN IS THE ENTRANCE OF MANSYUKOKU AND THE CENTRE OF COMMERCE AND INDUSTRY.

성진(현 김책시)은
1899년에 개항한 항구이며
제철업, 중공업 기지다.

# 성진

城津

城津

성진역

# 성진
## 城津

성진우체국

성진도립병원

# 성진

城津

성진지방법원

# 성진

城津

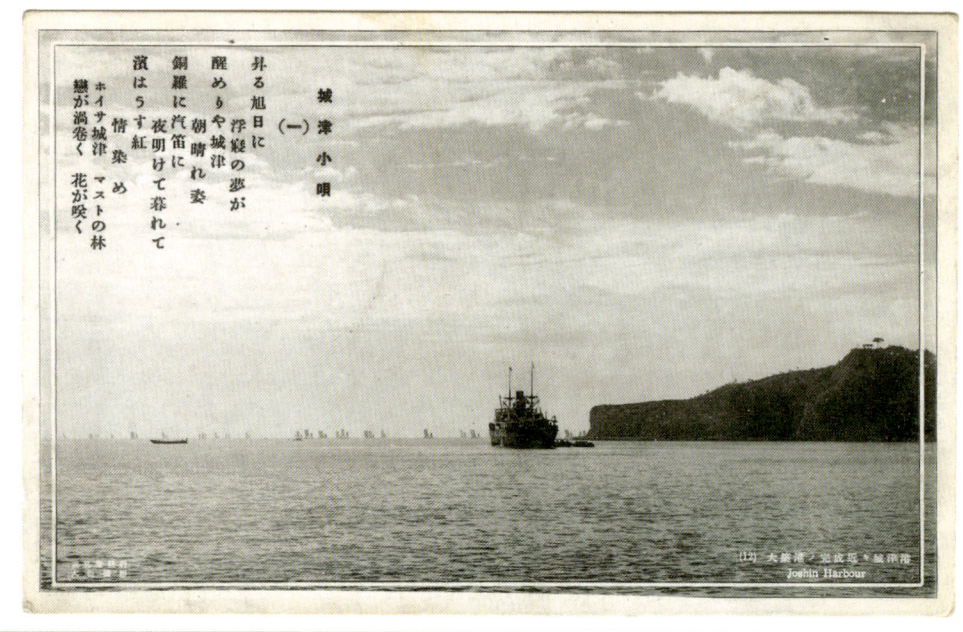

城津小唄
(一)
昇る旭日に 浮寝の夢が
醒めりや城津 朝晴れ姿
銅鑼に汽笛に 夜明けて暮れて
濱はうす紅 情染め
ホイサ城津 マストの林
戀が渦巻く 花が咲く
(12)
Joshin Harbour


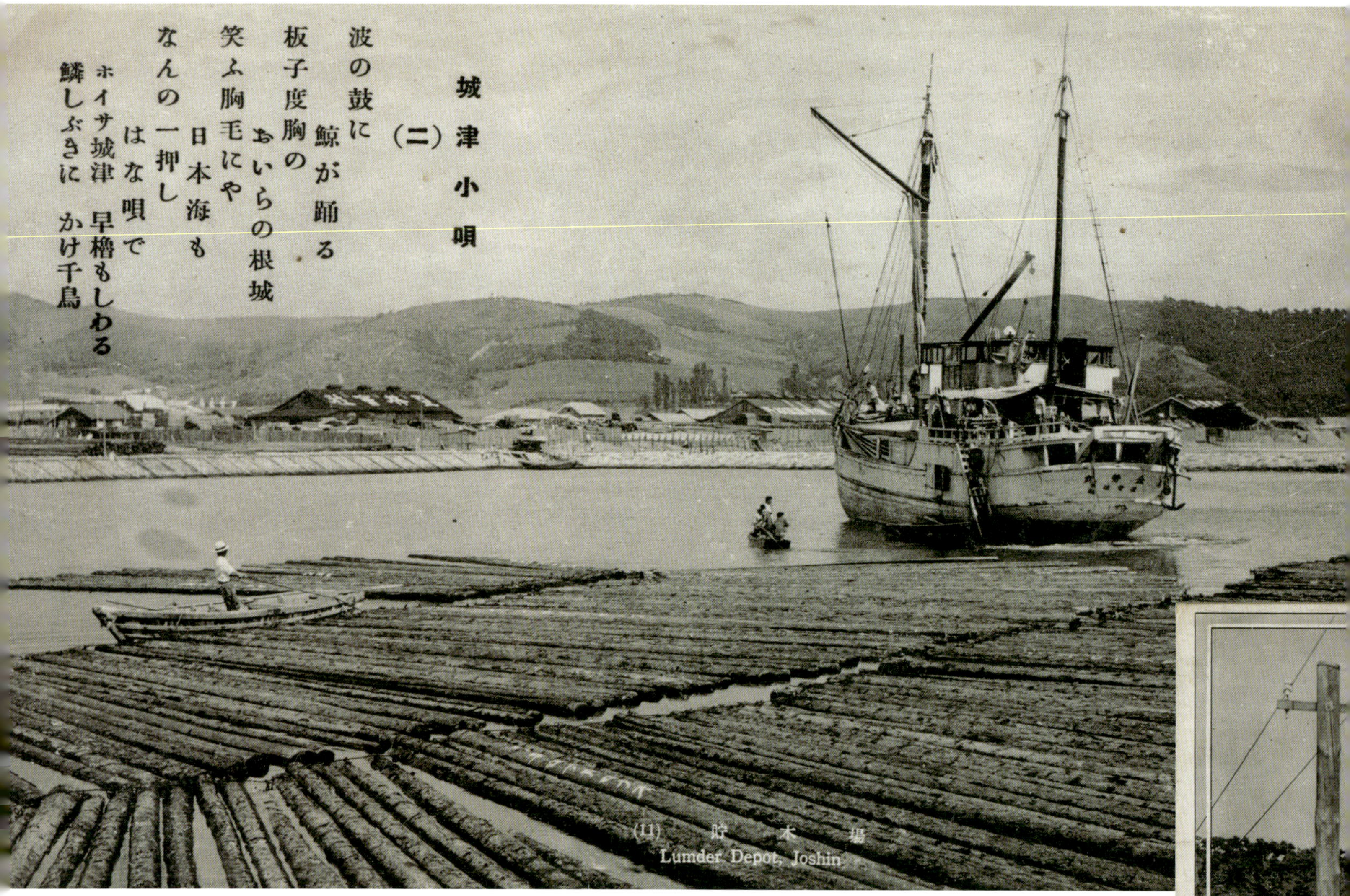

城津小唄
(二)
波の鼓に 鯨が踊る
板子度胸の おいらの根城
笑ふ胸毛にや 日本海も
なんの一押し はな唄で
ホイサ城津 早櫓もしわる
鱗しぶきに かけ千鳥
(11) 貯木場
Lumder Depot, Joshin


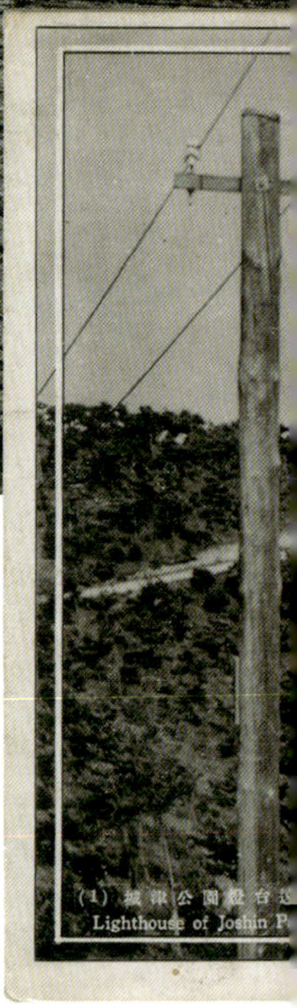

(1)
Lighthouse of Joshin

(9) 測候所及幸町遠望
Meteorological station and distant view of Saiwaimachi, Joshin

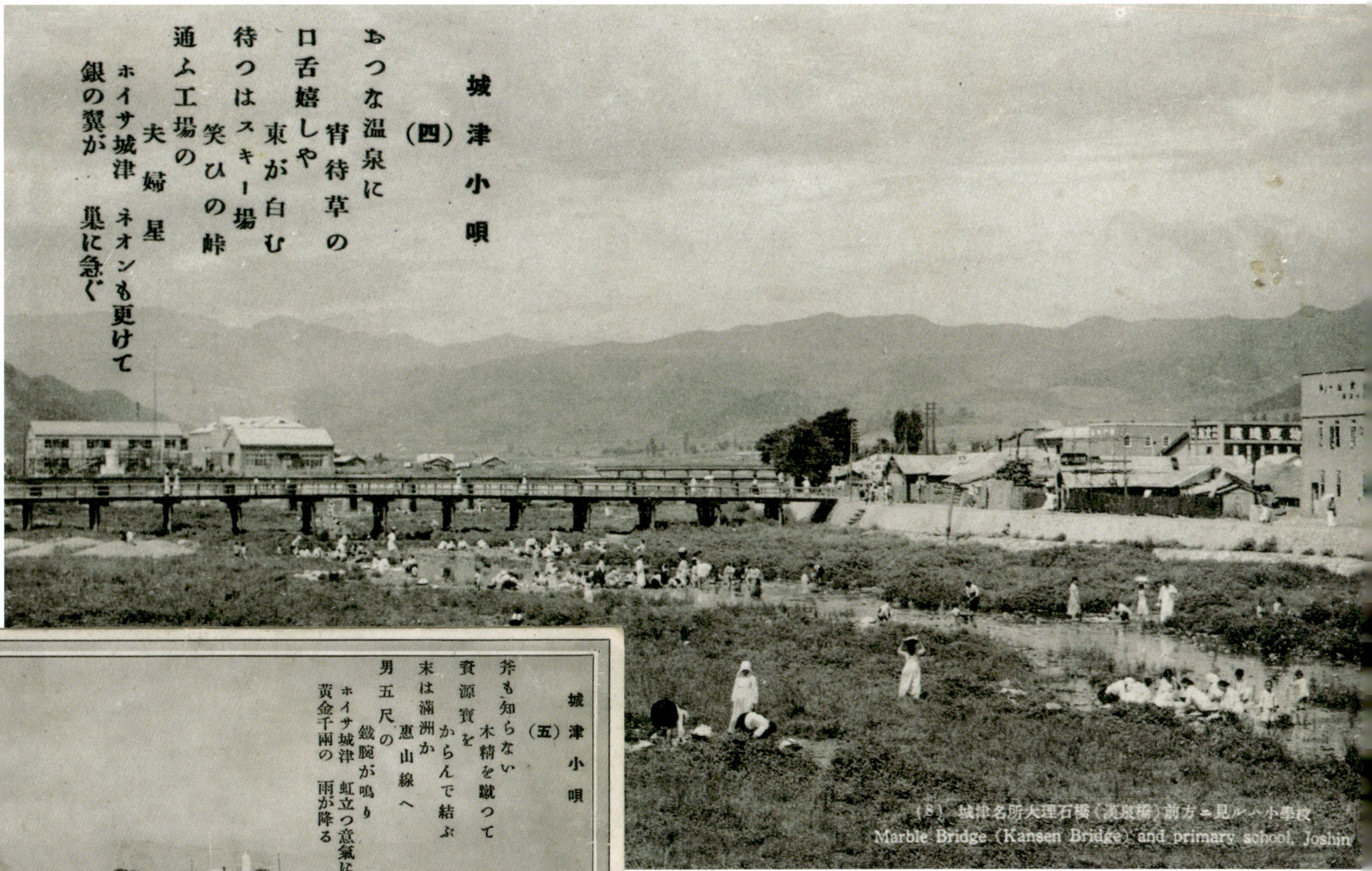


(8) 城津名所大理石橋（漢泉橋）前方ニ見ルハ小學校
Marble Bridge (Kansen Bridge) and primary school, Joshin

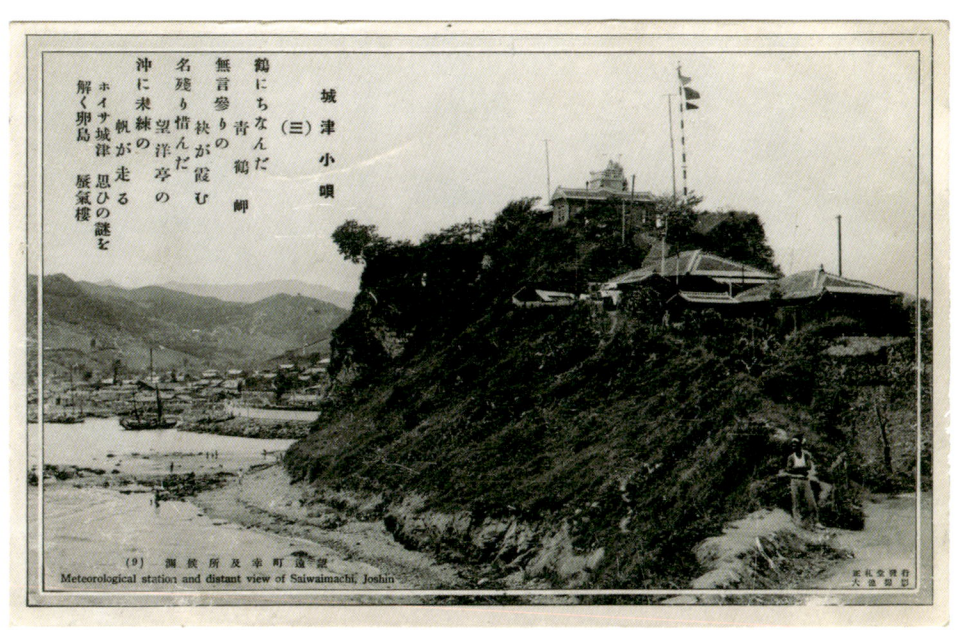

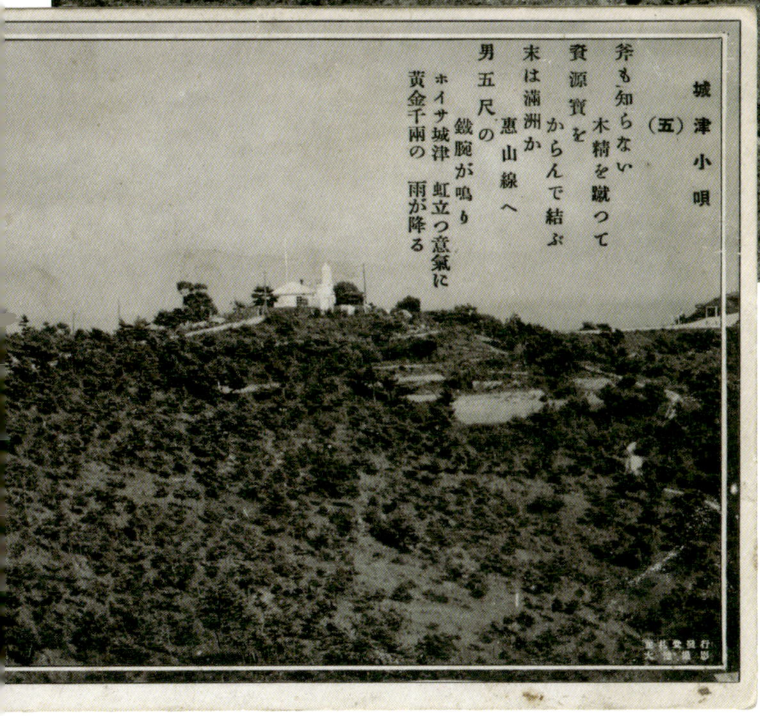

# 금강산

金剛山

● 金剛山

ENTAN-KYO SUSPENSION BRIDGE,
KYURYUEN DEEP-POOL, KONGO, CHOSEN.
(朝鮮・金剛九龍淵) 溪谷美のラクマイツクス
淵潭橋吊橋附近の絶勝

Wonderful scenes and mysterious sights at Inner-Kongo, Korea.
傳へる哀話
李朝の初め懶翁祖師の願佛によつて彫刻された哀話を傳へる三佛岩。
朝鮮・內金剛

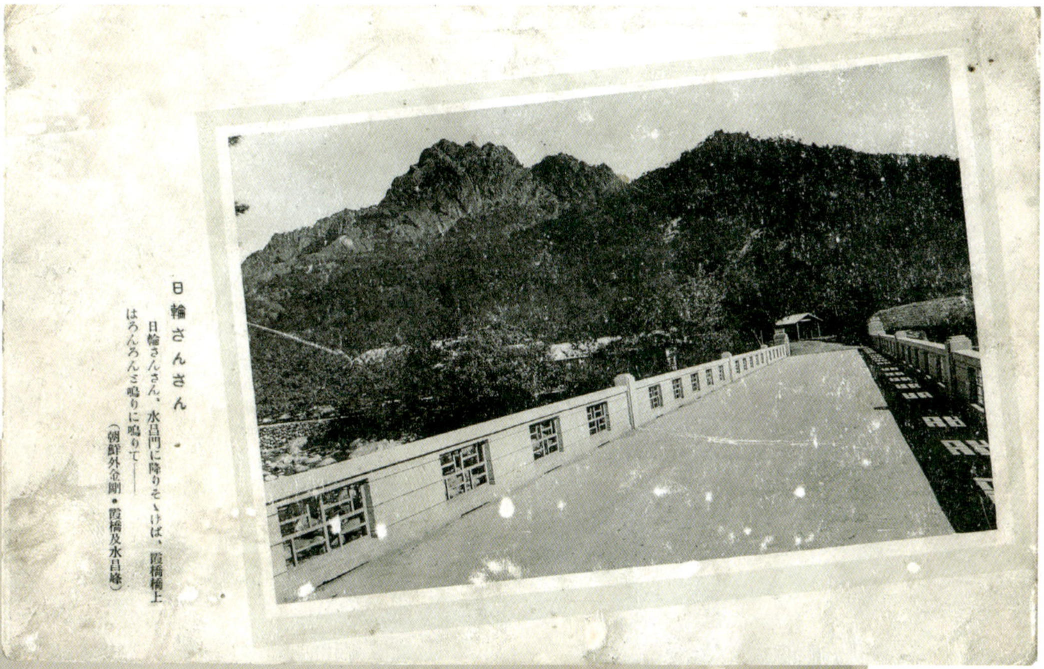
日輪さんさん
日輪さんさん、水昌門に降りそゝげば、霞橋橋上
はろんろんさ鳴りに鳴りて——
(朝鮮外金剛・霞橋及水昌峰)

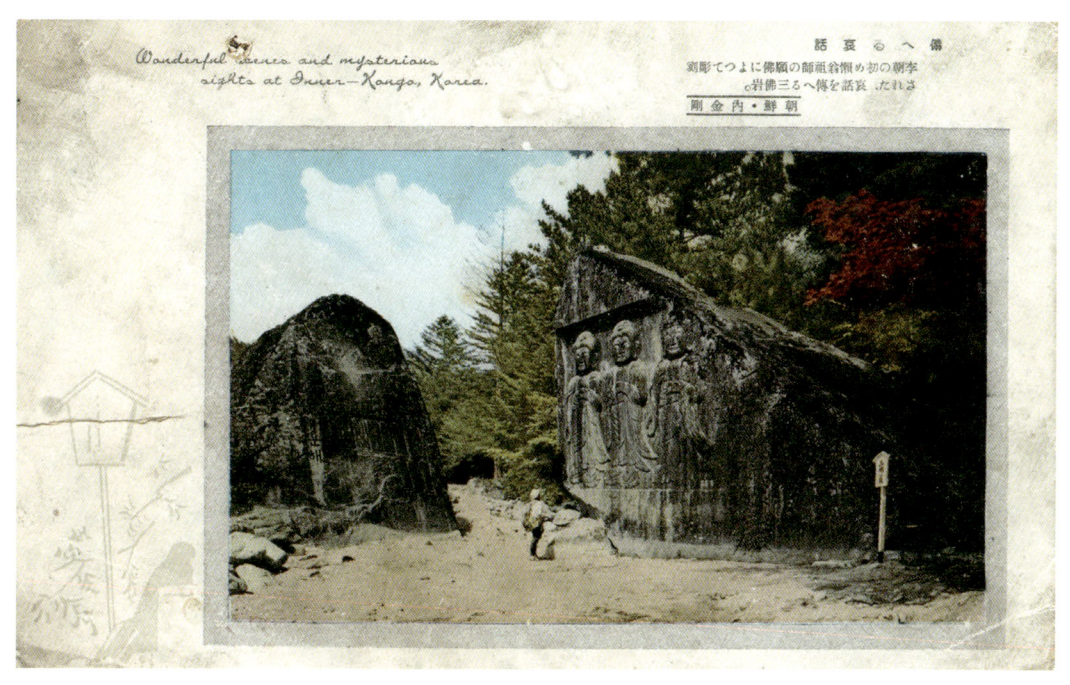

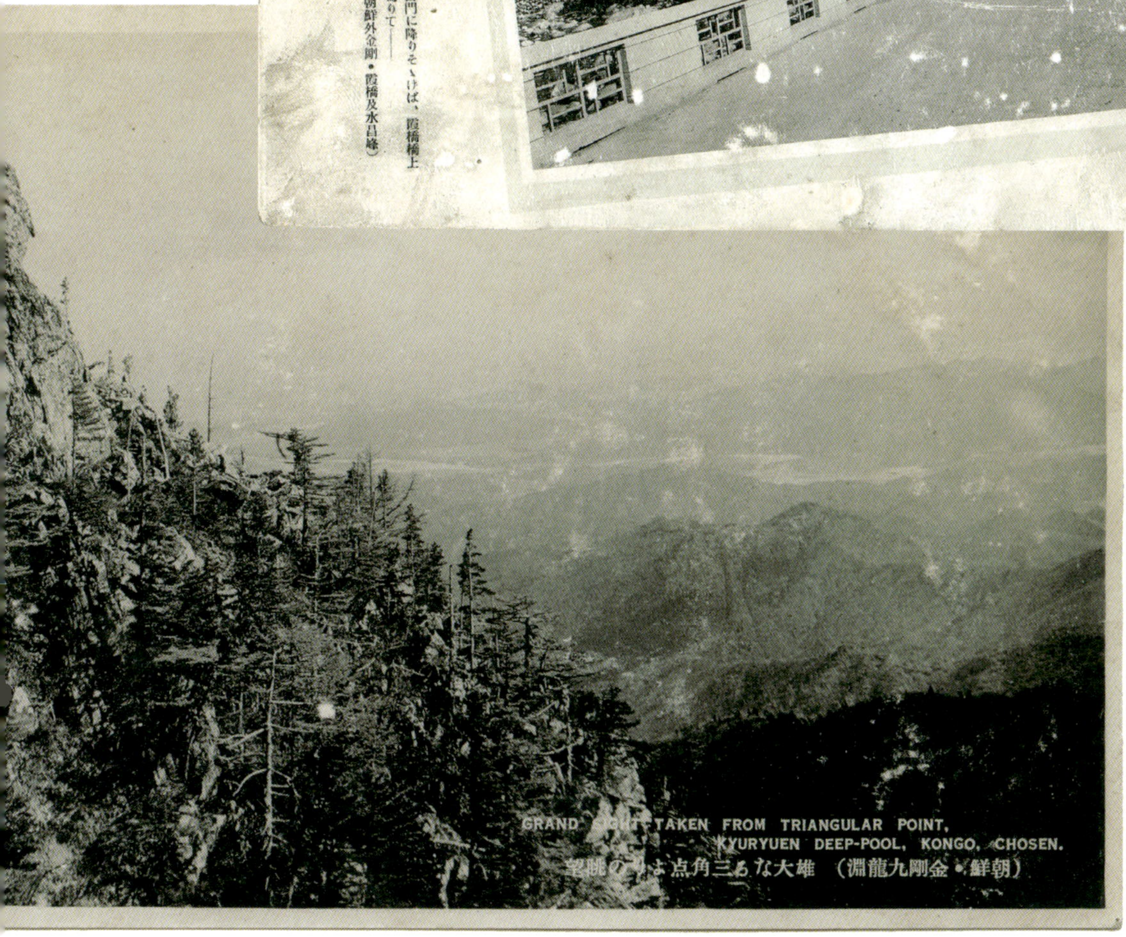
GRAND SIGHT TAKEN FROM TRIANGULAR POINT,
KYURYUEN DEEP-POOL, KONGO, CHOSEN.
(朝鮮・金剛九龍淵) 雄大なる三角点よりの眺望

# 금강산

金剛山

（朝鮮金剛山） 海金剛……叢石亭　　Sōseki-tei, Sea Kongō.

叢石亭は關東八景の一なる通川郡庫底にあり、元山を距る海上三十浬、汪洋たる碧海の怒濤澎湃として寄せては返し返しては寄せ庫底岬角漸く崩してグロテスク石柱美神秘不思議の景を爲す、就中四仙峰は大約四尺角の石柱數十個相寄りて直立すること約七十餘尺十間或は二十間の間隔を置きて四個並列す。

△ 金剛の岩咬む音や秋の海
△ 海金剛島に波よる月の曉

（朝鮮金剛山） 海金剛……三日浦　　Sanjitsu-ho, Sea Kongō.

西北には岩石の秀峰屹立し南には奇岩に富む、丘峰を望む、遙か東には高城附近の村落烟霞の裡に裊々として浮び流石關東八景の一たるを覺めす、新羅時代永郎述郎南石安詳の四仙翺上に稱し三日間歸るを忘れたりと傳へり、因つて三日浦の名あり、後世四仙を欽慕して湖中の嶼に四仙亭を建てたる礎石あり、尚西岸には夢泉庵埋香碑の遺蹟等見る可きもの多し。

26

# 경성

京城

KEIJYŌ, THE CAPITAL OF TYŌSEN, IS THE CENTRE OF COMMERCE, AND EDUCATION.

(朝鮮・京城風影) 義州通りにり見る
記念の石門・獨立門。

# 경성
## 京城

경성역

창경원 내 식물관

동양척식회사

# 경성

京城

탑골공원

조선신궁(남산)

경성경기장

# 경성
## 京城

일본생명빌딩
(남대문)

명동성당

경성제국대
부속병원

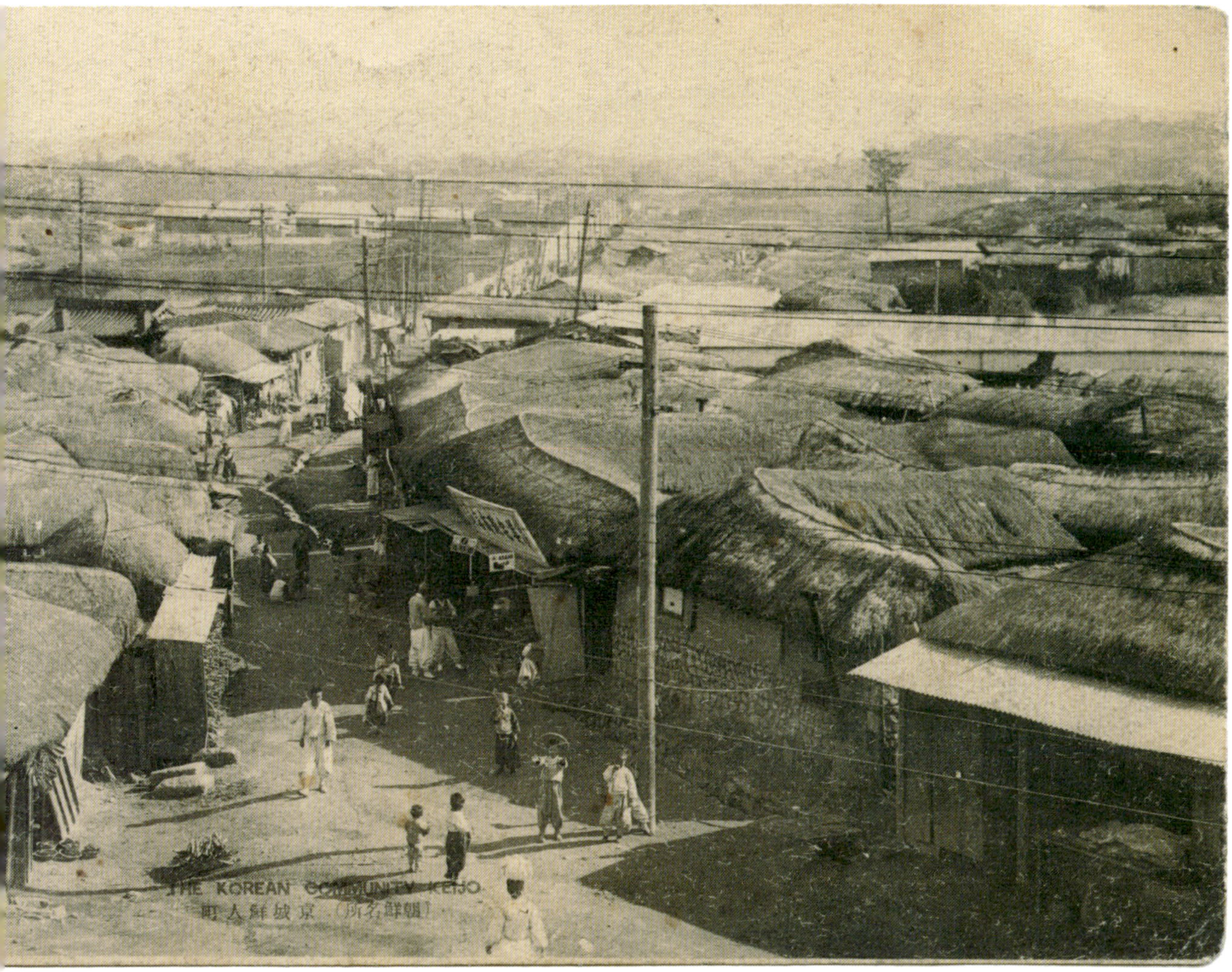
THE KOREAN COMMUNITY KEIJO
(朝鮮名所) 京城鮮人町

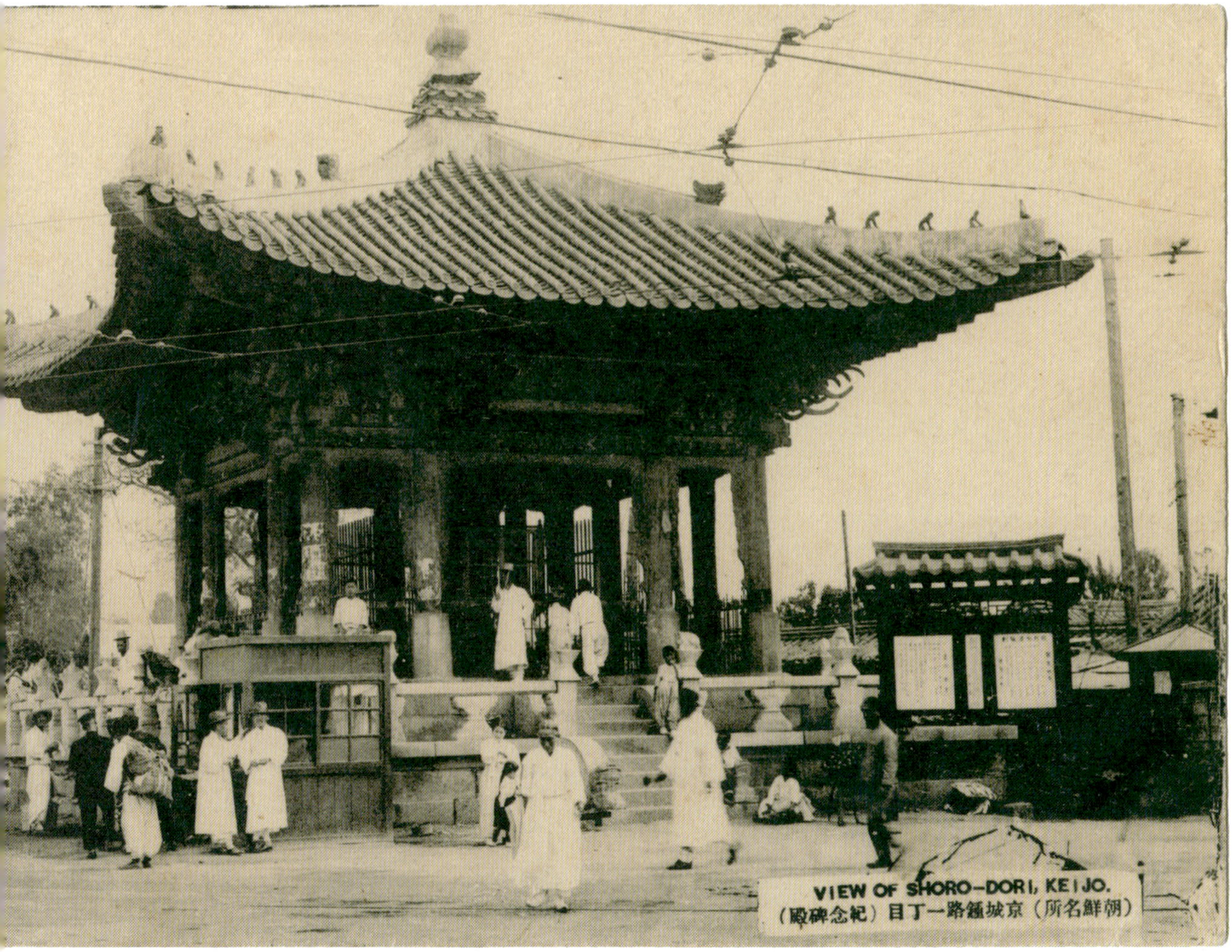
VIEW OF SHORO-DORI, KEIJO.
(朝鮮名所) 京城鍾路一丁目 (紀念碑殿)

종로1가 기념비전

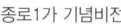

# 경성
京城

용산역

용산한강철교

# 경성

京城

경성부민관

중앙우체국

미츠코시백화점과
저축은행

# 경성
## 京城

(B 2) THE NANDAIMON OF KEIJO
京城南大門 (朝鮮名所)

1 CHOME HONMACHI, KEIJO.
京城本町一丁目 (朝鮮名所)

THE MEIZIMACHI STREET, KEIJO
京城明治町通リ (朝鮮名所)

# 경성 京城

종로 화신백화점

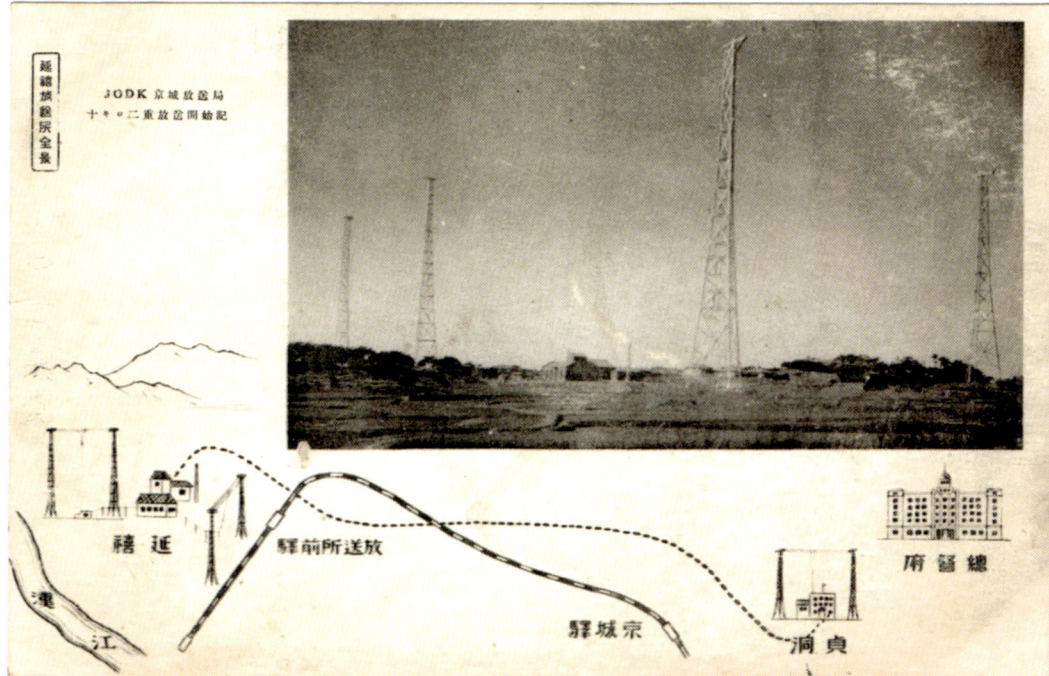

경성방송국
연희방송소

박문사

# 경성

## 京城

우체국

조선총독부

한강철교

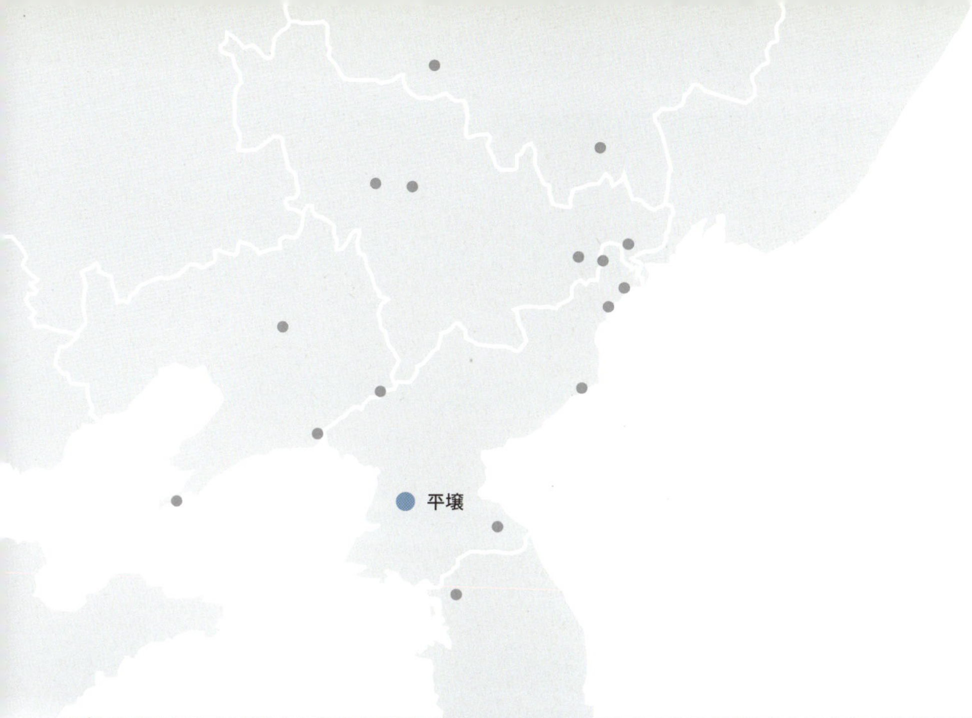

平壤


# 평양

平壤

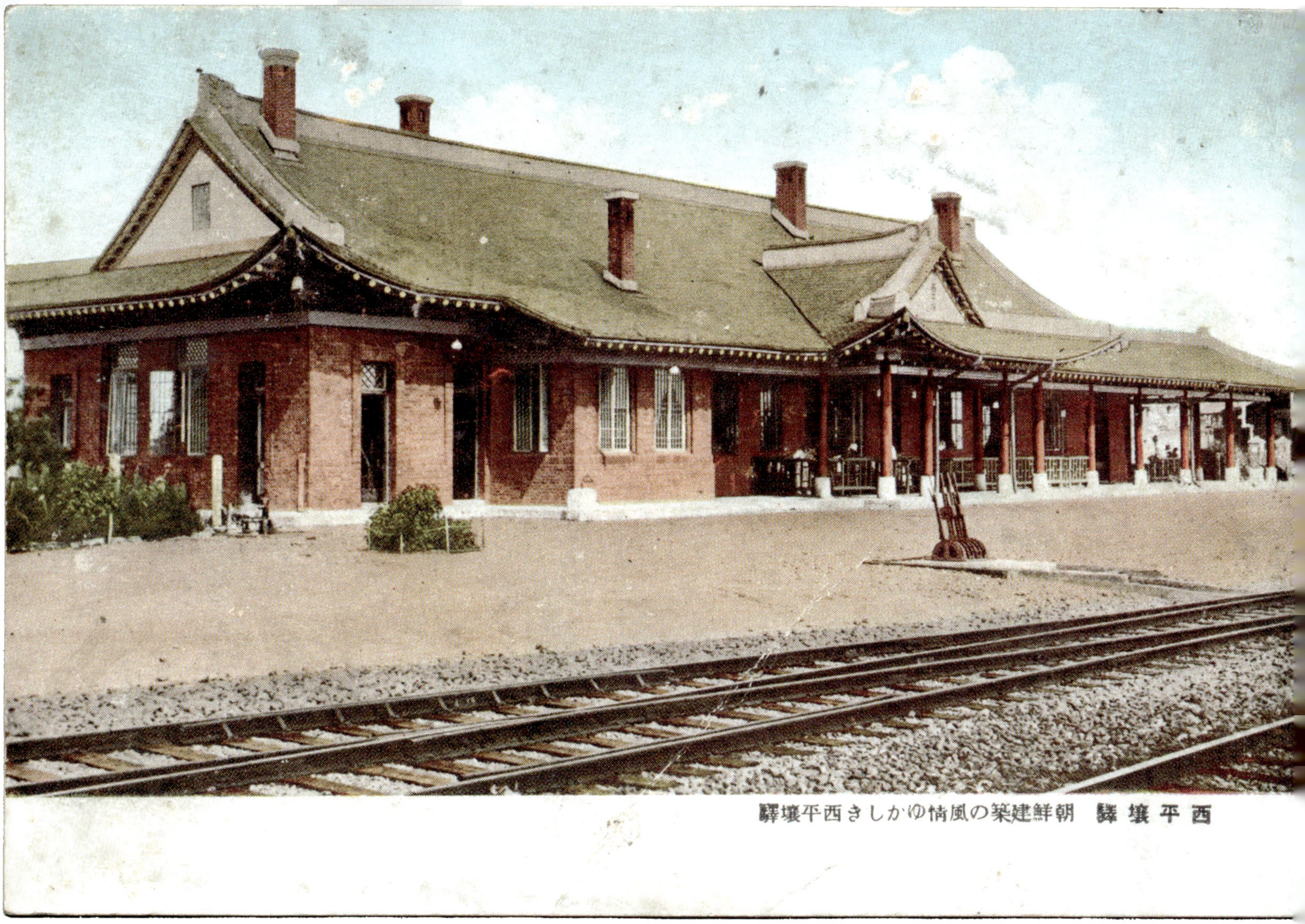

西平壤驛 朝鮮建築の風情ゆかしき西平壤驛


서평양역

# 평양
## 平壤

칠성문

청류정

# 평양 平壤

대동문

현무문

# 압록강

鴨綠江

(金伋 6) water brawer 汲水 (朝鮮風俗)

ILON BRIDGE OVER THE YALUCHIANG. （鴨綠江）鐵橋開閉機開放中

# 압록강

鴨綠江

VIEW OF YALUCHIANG AT WINTER　冬の鴨綠江の景

Custom in Chosen.

# 만주풍속
## 滿洲風俗

世界に名高き娘々祭の雜踏　（滿洲風俗）
A Great Gathering for the Famous Niang-niang Festival (Manchurian L…

驢馬と親子

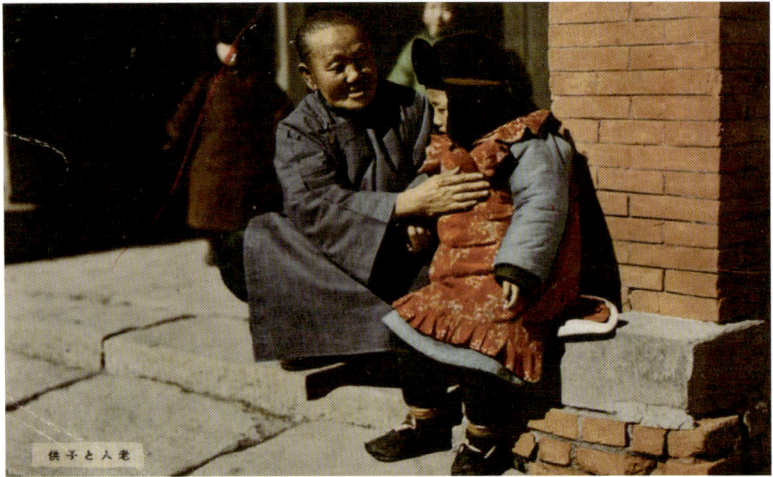

老人と子供

Stores Selling C
Decora

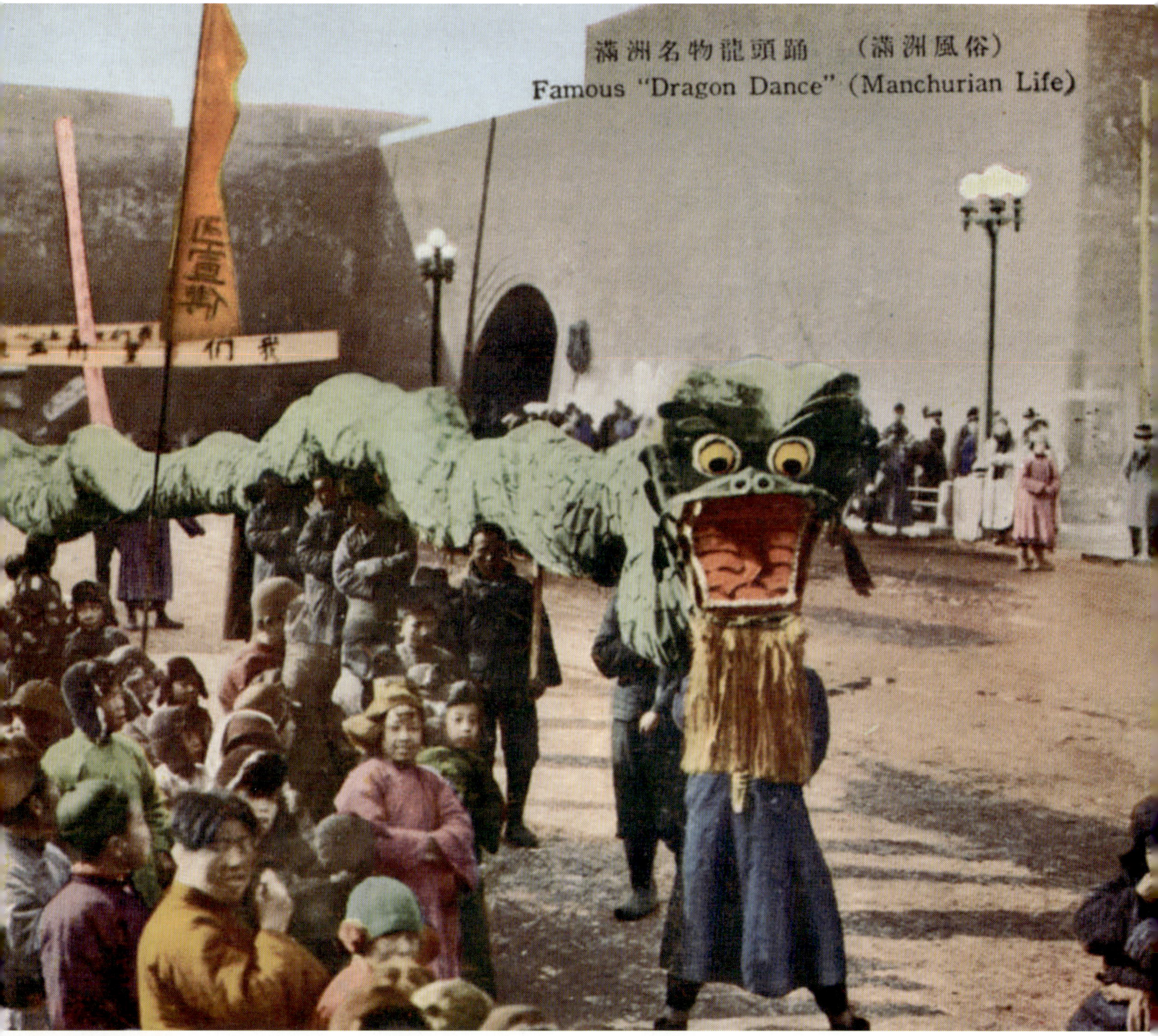

滿洲名物龍頭踊　（滿洲風俗）
Famous "Dragon Dance" (Manchurian Life)

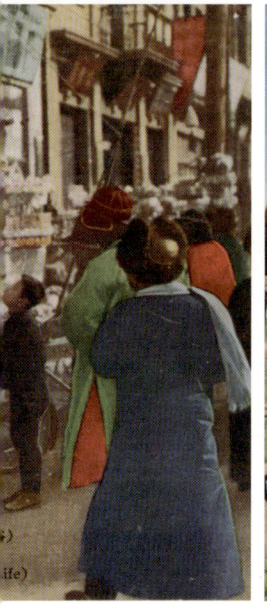

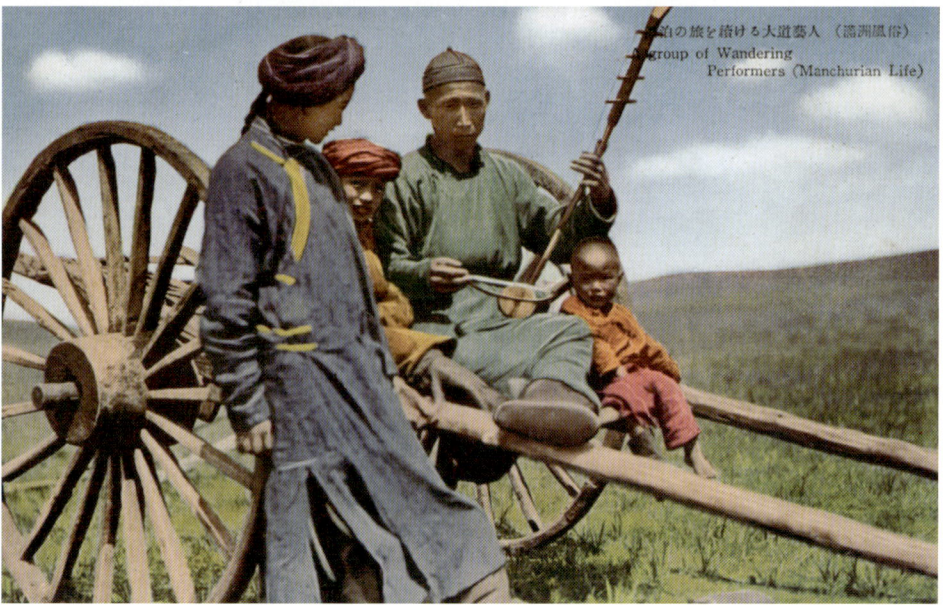

泊の旅を續ける大道藝人 （滿洲風俗）
A group of Wandering
Performers (Manchurian Life)

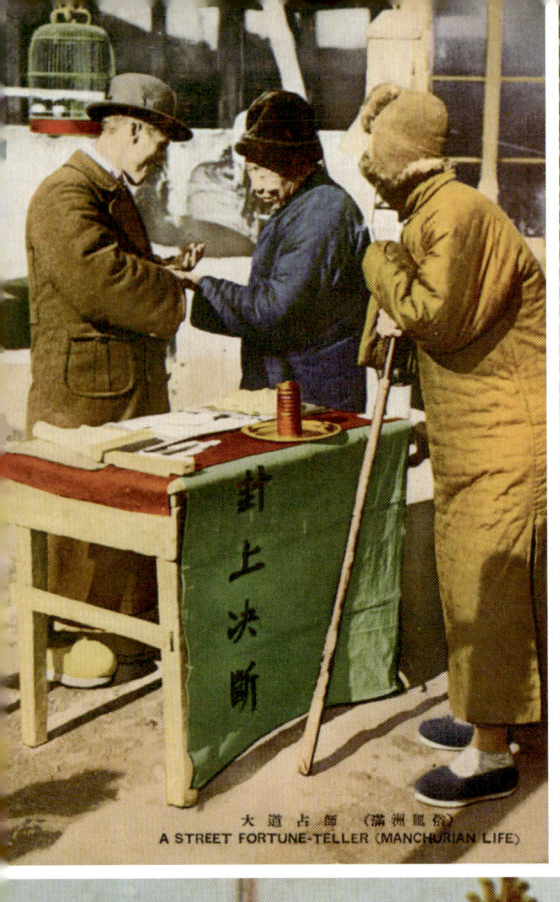

大道占師 (滿洲風俗)
A STREET FORTUNE-TELLER (MANCHURIAN LIFE)

藝 人

高粱ヲ刈ル農夫 (滿洲風俗)
HARVESTING KAOLIANG (MANCHURIAN)

葬列

FROM DAY TO DAY, TO OPEN A STREET-STALL.
蓋天の其日暮店

PICTURE OF PRIMITIVE OMNIBUS AT MANCHU.
先祖傳來の乗用馬車

驢馬の水汲み

# 안동
## 安東

안동(현 단동시)은 1903년에 개항한 물류기지로 도시화가 진행되었다.

일본영사관

대련은 만주의 현관이다. 1898년 제정러시아가 도시건설을 시작했으나 러일전쟁 후 대련과 여순이 일본의 조계지인 관동주가 되었다.

## 대련 — 大連

중앙광장의 대련체신국

# 대련
## 大連

성해공원의
고도쇼지로 동상

대련고등여학교

# 대련 大連

야마토호텔 (동상은 오시마 요시마사 관동도독)

광동군 육군창고

# 대련

## 大連

(上圖) 大連北海岸波止場ジヤンクの賀易盛況　　　大連西崗子滿洲國人下級民の風姿
Trading junks at wharf of north beach, Dairen.　　The Manchu poor, Hsikangtzu, Dairen.

EXPORTATION OF SOJA BEAN　　滿洲特産大豆大連棧橋積載揚ノ場

Junks at Russian Pier, Dairen　　大連・露西亞町波止場に群がるヤンク

봉천(현 심양시)은 청나라 태조 누르하치가 1625년에
도읍지로 삼은 곳이며 태조와 태종의 능이 있다.
만주의 중심지이며 군벌 장작림과 장학량 부자는
이곳을 거점으로 활동했다.

## 봉천
奉天

▼ 봉천역

# 봉천

奉天

# 봉천

奉天

철령성내 백탑

봉천역 옥상에서 바라본 시가지

# 신경
## 新京

新京

신경(현 장춘시)은 1932년에 설립된 만주국의 수도로 도시 건설이 시작되었고 마지막 황제 부의의 황궁이 있던 곳이다. 러일전쟁 후 일본은 러시아가 부설한 동청철도 중 신경 이남 철도의 경영권을 얻어 '남만주철도 주식회사(만철)'를 개설했다.

신경역 전

▼ 신경역

# 신경

新京

長春驛の裝甲列車　〔昭和六年秋　滿洲事變〕

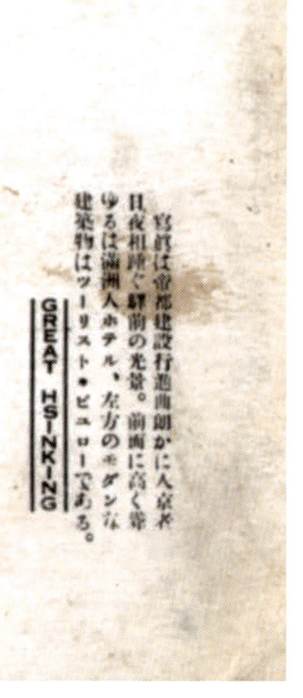

GREAT HSINKING

寫眞は帝都建設行進曲朗かに人京者且夜相俟に驛前の光景。前面に高く聳ゆるは滿洲人ホテル、左方のモダンな建築物はツーリスト・ビューローである。

吉野町（銀座通り）百貨店泰金洋行　（新京）
Chintai Yanghang Dept. Store, Yoshino cho, Ginza of Hsinking (Hsinking)

57

# 신경

新京

신경백화점

만주전신전화
주식회사 본사

만철 신경지사

# 신경

新京

정월탕 수원지

시키시마 고등여학교

만주 이슬람협회 본부

# 길림

吉林

## 길림
吉林

북산공원 관제묘

북산공원 관제묘

공자묘

# 하얼빈

## 哈爾浜

하얼빈은 1898년 제정러시아가 동청철도 부설공사를 시작하면서 건설한 도시며 미국, 유럽 각국에서도 상인들이 모인 국제도시다. 1917년 러시아혁명이 일어나자 백계 러시아인들이 이곳으로 대거 망명해왔다.

# 하얼빈

哈爾浜

VIEW OF HARBIN STATION, NORTH MANCHURIA.
(北滿風景) 北滿首都の入口を飾るハルビン驛の壯觀
大滿洲國

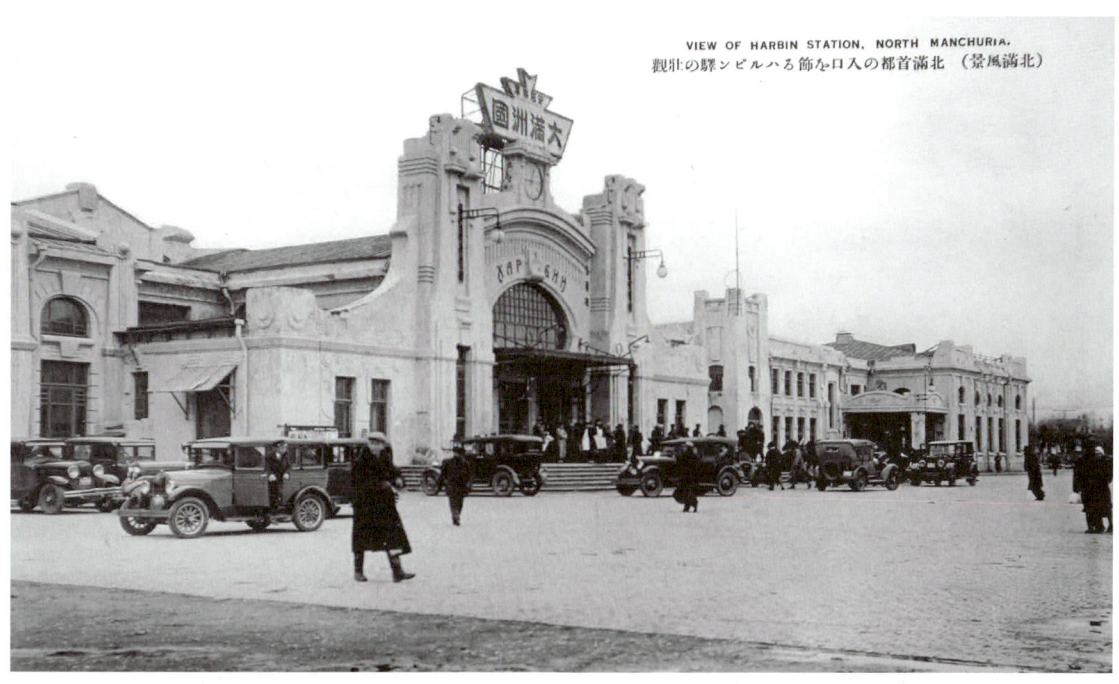

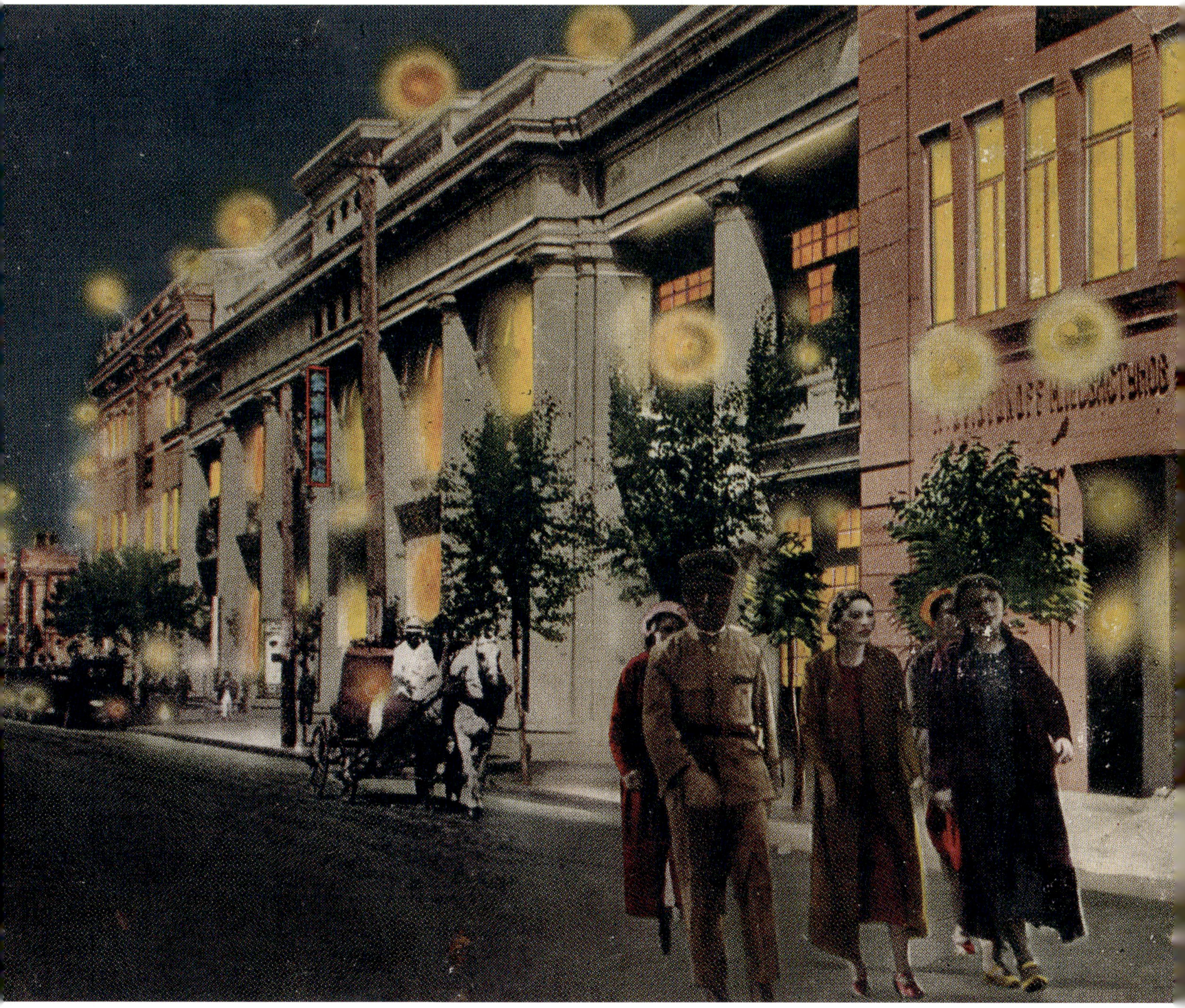

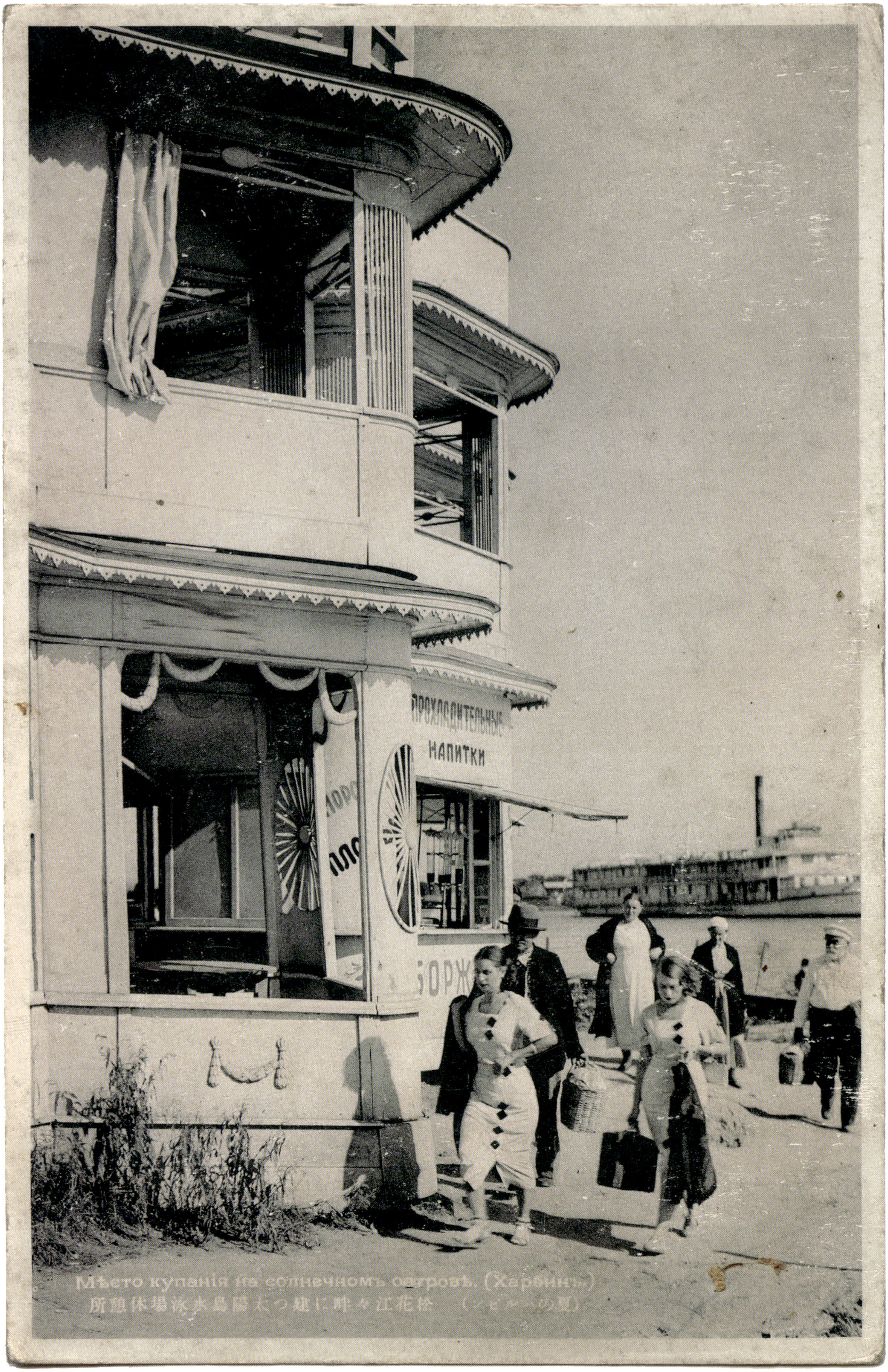
ПРОХЛАДИТЕЛЬНЫЕ
НАПИТКИ
Мѣсто купанія на солнечномъ островѣ. (Харбинъ.)
松花江々畔に建つ太陽島水泳場休憩所 (夏のハルビン)

태양도

하얼빈

哈爾浜

러시아정교 교회

# 하얼빈

哈爾浜

船客旅と橋鐵大江花松（賓爾哈）
GREAT IRON BRIDGE ON SUNGARI (HARHPIN)

（米六十五百九廿長）橋鐵大ノ江花松（賓爾哈）
GREAT IRON BRIDGE ON SUNGARI (HARHPIN)

橋の上江花松季冬（賓爾哈）
SLEDGE ON SUNGARI IN WINTER (HARHPIN)

하얼빈

哈爾浜

# 목단강

牡丹江

목단강역

# 훈춘
琿春

서문 밖 풍경

일본군 영사

훈춘션공서

# 수학여행

大成中学校
東興中学校
龍井国民高等学校

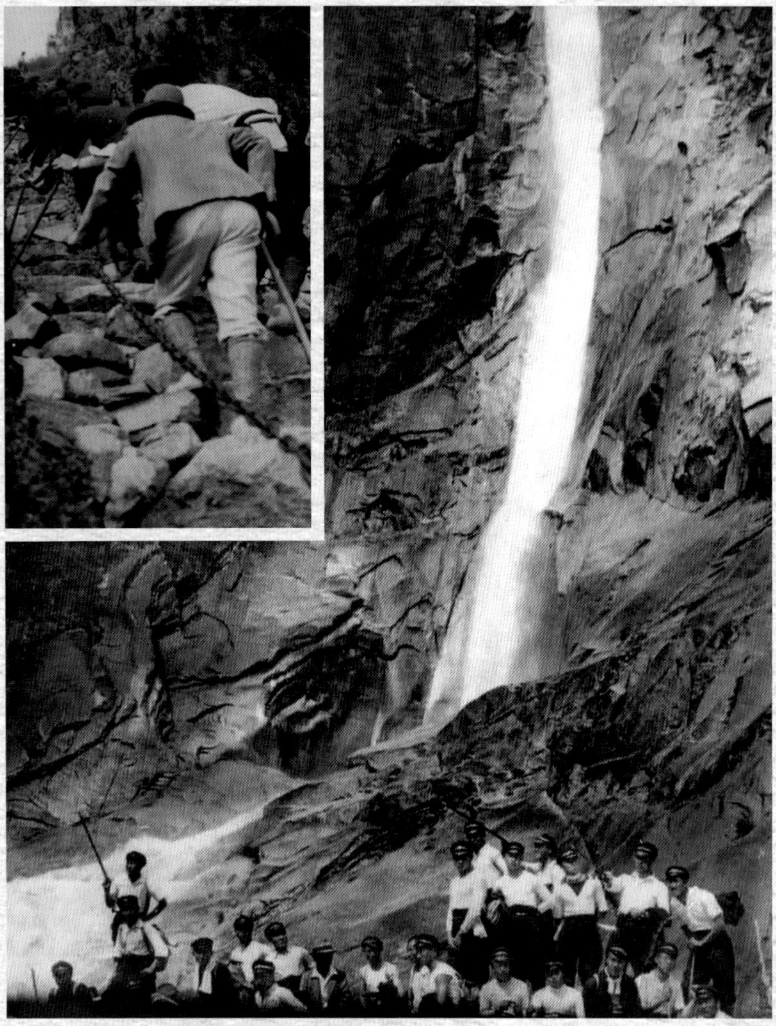

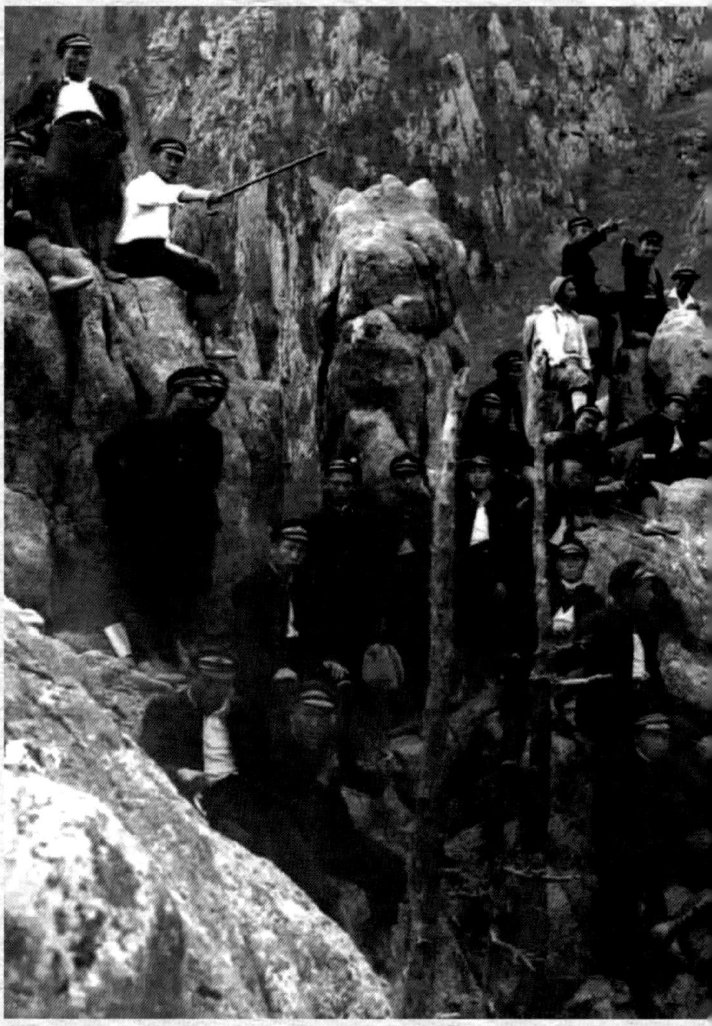

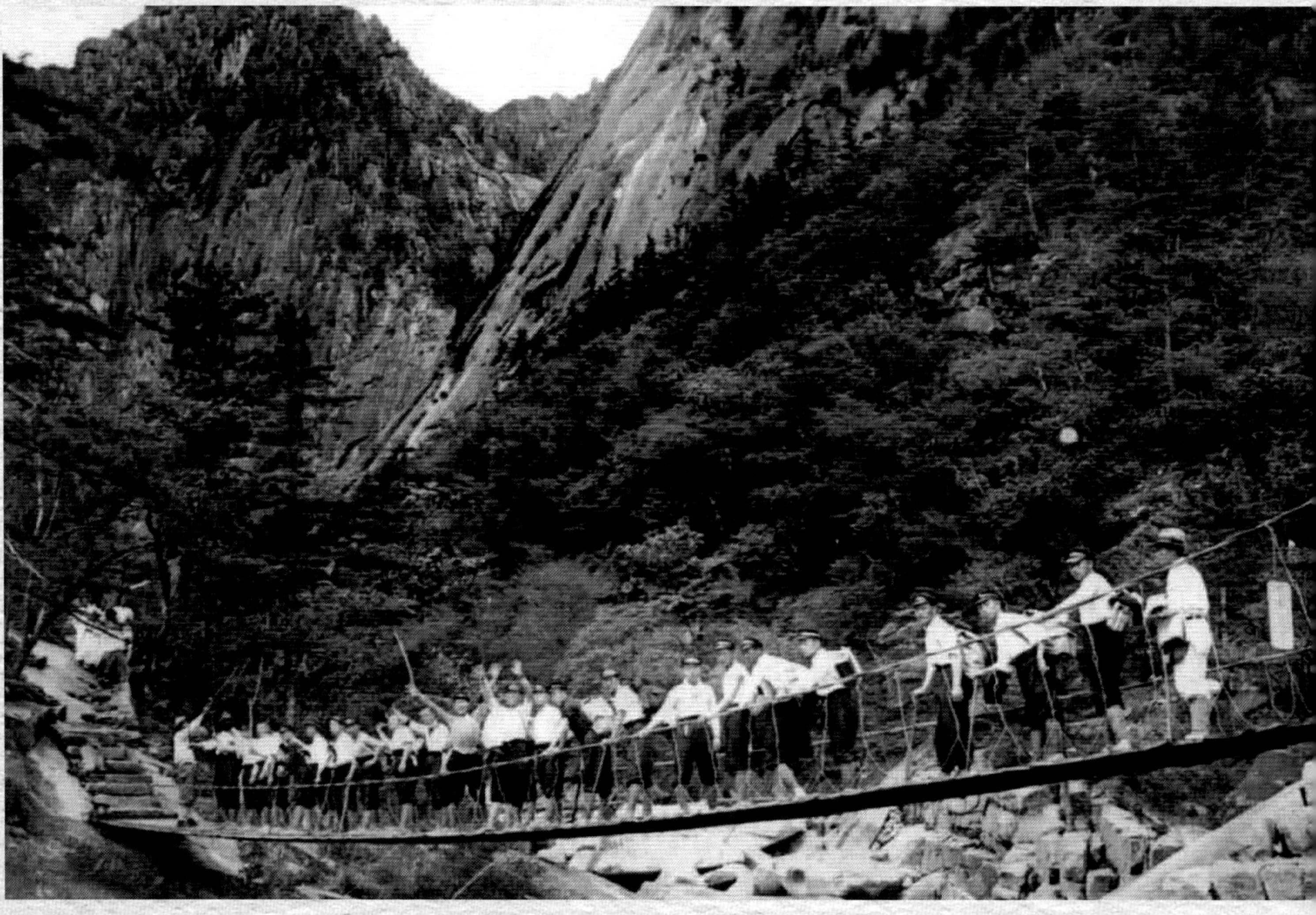

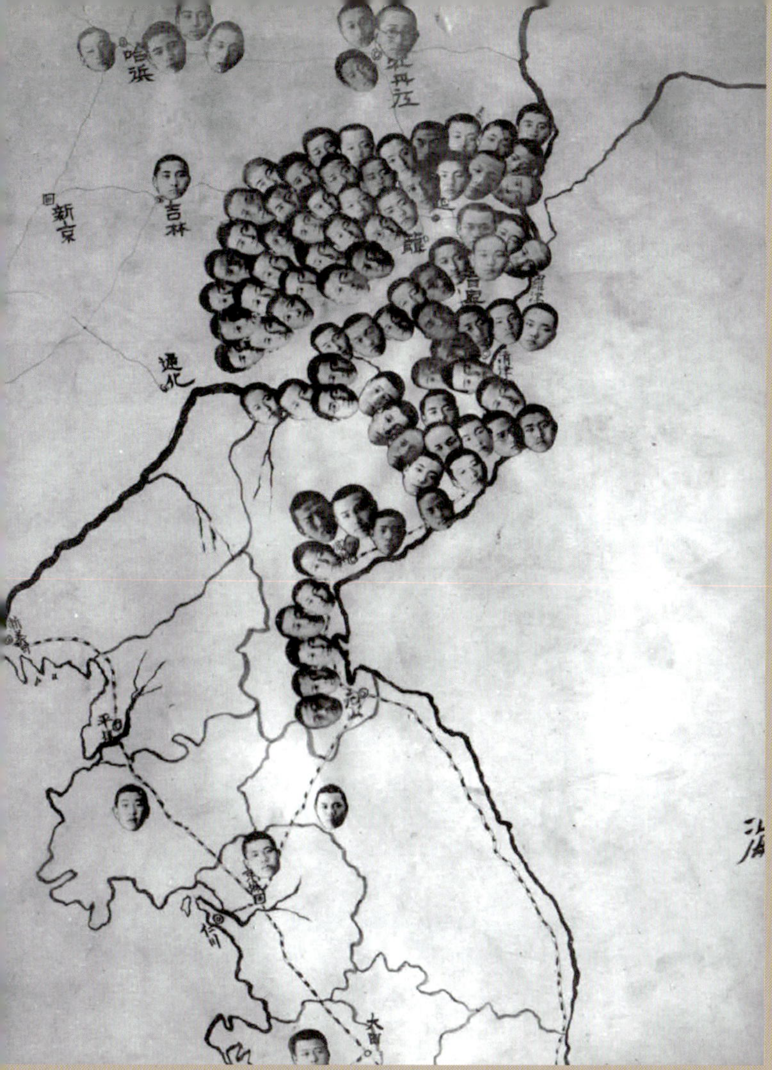

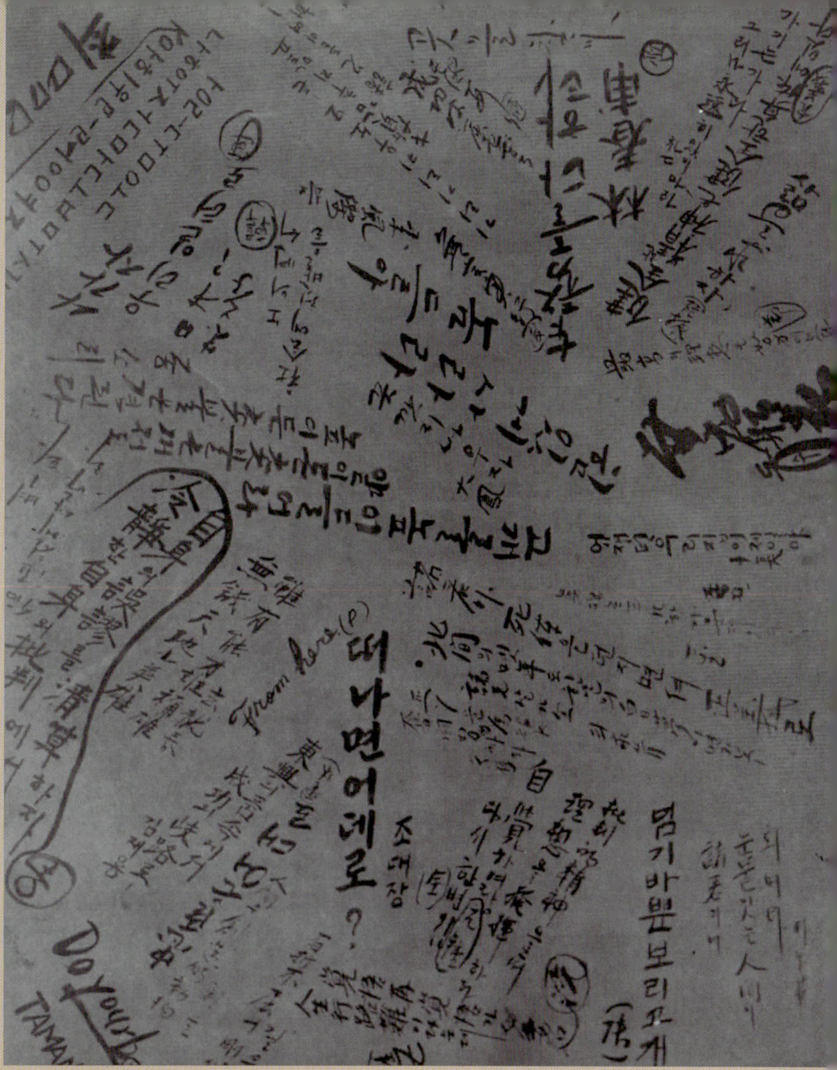

スケートシーズン
冬の運動はスケートを持つて

ベースボール部員

勤労奉仕